气垫船操纵控制与运动仿真

邬成杰　高嵩　吕世海　马涛　编著

国防工业出版社
·北京·

内 容 简 介

本书作为全垫升气垫船总体性能的现代设计理论专著，针对气垫船特有的操纵运动力学特性、航行稳定性、操纵面回转性能、安全限界与自动驾控策略，以及六自由度气-固-液耦合运动仿真等做了全面系统的研究论述，给出了相应的理论分析与数值计算方法，以及水气动力系数的试验方法，反映了现代船舶力学的最新研究成果，可供具有一定气垫船总体设计或自动驾控系统设计基础的专业人员参考使用，本书基本物理概念清晰，也可供气垫船驾驶员培训使用。

图书在版编目（CIP）数据

气垫船操纵控制与运动仿真 / 邬成杰等编著 .
北京：国防工业出版社，2025. 4. -- ISBN 978-7-118
-13601-2

Ⅰ. U674.943

中国国家版本馆 CIP 数据核字第 2025R64X94 号

※

国防工业出版社出版发行
（北京市海淀区紫竹院南路 23 号　邮政编码 100048）
北京凌奇印刷有限责任公司印刷
新华书店经售

＊

开本 710×1000　1/16　插页 1　印张 10½　字数 206 千字
2025 年 4 月第 1 版第 1 次印刷　印数 1—1300 册　定价 76.00 元

（本书如有印装错误，我社负责调换）

国防书店：(010) 88540777　　　书店传真：(010) 88540776
发行业务：(010) 88540717　　　发行传真：(010) 88540762

前　言

气垫船高速运行于水气表面，同时受到表面水动力、外部气动力、内部气垫动力与围裙触水动力的作用，复杂的气-固-液耦合动力学使其操纵运动的力学特性与常规船存在很大的差异。气垫船在操纵运动中，受外界风浪干扰或操控惯性影响，很容易发生较大侧漂，其航向一般并不如常规船那样即为艏向。由于漂角的变化，回转时大地回转率也不等同于首摇角速度回转率。气垫船回转时外漂内倾，其定常回转性能主要取决于其傅氏数 F_n 与无因次横向加速度，后者与横向阻力、漂角及横倾角相关。气垫船在阻力峰速以下不具有航向稳定性，随航速增加航向稳定性增加，但高速操控回转又易发生甩尾失稳。受外界风浪影响，气垫船高速易发生低头埋首纵向失稳，而在低速回转或侧漂时又易发生大幅横倾失稳等航行安全性问题。

本书作为全垫升气垫船总体性能的现代设计理论，针对气垫船特有的操纵运动力学特性、航行稳定性、操纵面回转性能、安全限界与自动驾控策略，以及六自由度气-固-液耦合运动仿真等做了全面系统的研究论述，给出了相应的理论分析与数值计算方法，以及水气动力系数的试验方法，反映了现代船舶力学的最新研究成果，可供具有一定气垫船总体设计或自动驾控系统设计基础的专业人员参考使用，本书基本物理概念清晰，也可供气垫船驾驶员培训使用。本书共分为 7 章，各章内容如下。

第 1 章 "绪论"，对气垫船操纵运动的基本力学特性做了详细叙述。

第 2 章 "操纵性运动方程"，根据运动坐标系建立了非线性四自由度操纵运动微分方程。给出了影响气垫船操纵特性的主要因素——表面兴波水动力系数的理论计算方法，并对水动力特性进行了分析。在水动力系数试验方法中，根据气垫船非线性与多自由度强耦合的操纵运动特点，比较了平面运动机构水池试验与旋转臂水池试验的优缺点，提出了适合气垫船的试验方法。对于由风洞试验获取的外部气动力系数，给出了各操纵力对船体上表面气动力干扰的相似准则试验方法，根据风洞试验结果对气动力特性进行了分析。

第 3 章 "航向稳定性"，建立了基于小扰动线性化的四自由度操纵性特征方程，在此基础上对影响直航与回转稳定性的侧漂-回转特征方程进行了特征多项式稳定性分析，给出了相应的稳定性判据。针对气垫船操纵运动的非线性及多自由度耦合特性，对四自由度稳定性进行了仿真计算，结合试验结果对低速航向不稳与高速甩尾失稳做了因素分析。为获得大范围状态空间稳定域，提出了非线性"相空间"航向稳定性分析方法，根据不同航速时漂角-回转率"相平面分析"给出了稳定域边界。

第 4 章 "航行横稳性"，分别对直航、斜航与回转横稳性特征方程的特征多项式进行了稳定性分析，给出了相应的稳性判据。对大侧漂低速斜航时产生的横倾失稳区域与耦合因素进行了分析，提出了斜航横稳性实质上是横侧耦合稳定性的概念。根据回转横稳性特征多项式分析，提出了回转横稳性是一个包含回转稳定性与斜航横侧稳性在内的更大范畴稳定性的概念，揭示了甩尾与大幅横摇同时发生的耦合特性。在此基础上给出了包括航向稳定性与航行横稳性在内的"航行稳定性"大范围状态空间稳定域的非线性"相空间分析方法"。

第 5 章 "回转特性与操纵面"，建立了线性的操纵面回转与侧漂运动的回转特性解耦方程（二阶线性 K-T 方程），给出了回转率与漂角的显式时域解。对应舵跟从性及单位舵角回转率和漂角，与航向稳定性指数关系进行了分析。通过回转性能的非线性仿真计算，分别对定航速、定舵角/桨距差及不同风向角下的回转特性进行了分析。根据桨距和/差、空气舵、矢量喷管各操纵面特性以及人因工程要求，提出了应用联动摇杆或联动手轮的多操纵面优化组合操控方式，并给出了操纵面空气舵、矢量喷管、导管桨与侧风门的力学特性与操纵力模型。

第 6 章 "航行安全限界与自动驾控"，根据六自由度运动安全性，补充了纵向平面运动方程中的纵向稳定性分析，由特征多项式提出了相应的稳性判据，做了"低头埋首"失稳因素分析。在船体自身航行稳定性分析的基础上，提出了将包括操控力与外界风浪扰动力作用下的状态矢量稳定域作为航行安全包络，给出了相应的"相空间分析方法"，以及航行安全限界确定与操纵面限界控制的方法。根据气垫船运动力学多自由度强耦合的操控特点，分析了不同于常规船"艏向控制"的多自由度耦合"航向控制"原理，提出了适合内部机理不确定性与外部风浪干扰不确定性的航向与大地回转率"自抗扰控制器"，以及"神经网络 PID 控制器"的自动控制策略，针对由左右桨距、空气舵与矢量喷管组成的航速、侧漂与回转三自由度耦合控制系统，分别对"航向保持控制"与"回转率保持控制"的耦合控制原理与解耦控制条件，以及定位定向航迹控制进行了分析。

第 7 章 "六自由度操纵运动仿真"，根据气垫船操纵运动复杂的气-固-液耦合动力学特性，对建立的六自由度操纵运动方程中各种水动力与气动力，分别提出了"表面波动力学""气垫动力学""围裙动力学"与"外部气动力学"4个独立模块的仿真计算方法，给出了基于实时"共享数据层"的六自由度运动在线仿真的总体计算框架。在"围裙动力学"中依据手指触水动力学分析，获得了与气/水欧拉数成正比的手指挠曲拍打阻力系数，同时对侧部手指兜水与艉裙小囊触水的水动力模型进行了分析，在此基础上建立了围裙触水阻力计算方法，以及内部气垫动力与外部水动力作用下的围裙动力响应计算方法。为解决实时物理仿真时间难度，提出基于理论与试验六自由度运动力数据库的六自由度运动方程实时求解方法。采用固定姿态的水动力静态试验数据库和固定航速、航向的斜浪运动动态试验数据库，通过与由"气垫–围裙"垂向运动模块和"表面波动力"横向运动模块互相迭代的理论模型相结合，再叠加试验与理论的"外气"与"滩涂"环境仿真模块数据库以及"操控"仿真模块，形成六自由度方程运动仿真计算模型。最后介绍了应用递归神经网络（Recurrent Neural Network，RNN）技术，通过模型试验与深度学习训练，实现无力学模型的六自由度运动实时仿真方法。

本书以有关气垫船操控与仿真科研项目中，针对气垫船不同于常规船的复杂运动力学特性研究为基础，结合前期卢军与刘春光等的学位论文研究成果，以及国外的最新研究进展，对气垫船操纵性的理论与试验方法进行了深入的探讨，并根据自航模与实船的试验结果，对气垫船操控力学的数学仿真进行了评估与分析，形成了一个独有的气垫船操控力学体系。本书书稿的打印、编辑与绘图等大量烦琐工作由李岩、汤宇嘉等完成，在此一并表示感谢。

最后，还要对中国船舶及海洋工程设计研究院的大力支持表示衷心的感谢。

作　者

2024年10月

目　录

第1章　绪论 ·· 1

　1.1　航向与艏向 ·· 1

　1.2　定常回转受力特性 ·· 3

　1.3　航行安全性 ·· 7

第2章　操纵性运动方程 ··· 10

　2.1　四自由度操纵运动方程 ·· 10

　2.2　水动力特性与试验方法 ·· 11

　　2.2.1　操纵运动水动力特性 ·· 11

　　2.2.2　水动力系数试验方法 ·· 16

　2.3　气动力特性与试验方法 ·· 20

第3章　航向稳定性 ··· 24

　3.1　操纵性特征方程 ··· 24

　3.2　直航稳定性与回转稳定性 ··· 25

　3.3　相空间航向稳定性分析 ·· 32

第4章　航行横稳性 ··· 38

　4.1　横稳性特征方程 ··· 38

　4.2　直航与斜航横稳性 ·· 39

　　4.2.1　直航横稳性 ·· 39

　　4.2.2　斜航横稳性 ·· 40

　4.3　回转横稳性 ··· 42

第5章　回转特性与操纵面 ·· 47

　5.1　回转特性方程 ·· 47

  5.2 多操纵面优化组合操控 ·················· 55
  5.3 操纵面力学特性 ························ 57
    5.3.1 空气舵 ······················ 57
    5.3.2 矢量喷管 ···················· 59
    5.3.3 导管桨 ······················ 63
    5.3.4 侧风门射流舵 ·················· 65
    5.3.5 矢量喷管与导管桨及船体的耦合影响 ······ 66

第6章 航行安全限界与自动驾控 ················ 68

  6.1 航行安全包络与限界 ····················· 68
    6.1.1 直航纵稳性 ··················· 68
    6.1.2 航行安全包络 ·················· 70
    6.1.3 航行安全限界与控制 ··············· 79
  6.2 航向与回转自动控制策略 ··················· 80
  6.3 船速、侧滑与回转三自由度控制 ················ 89

第7章 六自由度操纵运动仿真 ··················· 95

  7.1 坐标系与六自由度运动方程 ·················· 95
    7.1.1 运动坐标系 ··················· 95
    7.1.2 六自由度运动方程 ················ 97
  7.2 六自由度运动与力仿真模块 ·················· 99
    7.2.1 表面波动力学 ·················· 99
    7.2.2 气垫动力学 ··················· 106
    7.2.3 围裙动力学 ··················· 112
    7.2.4 外部气动力学 ·················· 132
  7.3 六自由度运动仿真原理 ···················· 135
    7.3.1 六自由度实时运动仿真 ·············· 135
    7.3.2 基于六自由度数据库的运动仿真 ········· 135
    7.3.3 基于神经网络与深度学习的运动仿真 ······ 148

术语表 ······························· 152

参考文献 ······························ 155

第 1 章 绪 论

1.1 航向与艏向

气垫船高速运行于水气表面,受风浪影响较大,在外界干扰或操纵惯性影响下,很易侧滑甚至发生甩尾,其航向角不能如常规船那样可近似以艏向角取代。图 1.1 显示了气垫船在大地坐标系的航迹航向图。图中显示了气垫船所在坐标 (ξ,η) 与目标坐标 (ξ_g,η_g),船的艏向角 ψ 与航向角 ψ_v,其中 $\psi_v=\psi+\beta$(转动角度相对坐标系顺时针为正),以及目标方位角 ψ_g,船的航速 V 沿船长和船宽方向可分解为纵向速度 u 和横向速度 v。船要高速到达目标 g,首先要改变航向将船航速向 ψ_v 转到目标向 ψ_g,而不是如常规船那样将船艏向 ψ 转到目标向 ψ_g,因此在船上用罗盘显示艏向角的同时,必须要设航向角指针,清楚显示船的航向方位。如仅根据艏向角 ψ 转到目标向 ψ_g,在有侧风浪或惯性力作用下则很难对准目标航行,这正是气垫船在风浪下难以驾驶的原因。

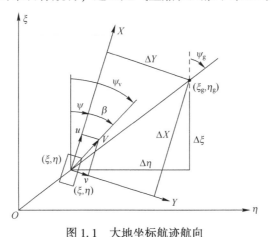

图 1.1 大地坐标航迹航向

图 1.2 显示了在大地坐标下的回转率。大地回转率(公转)为

$$r_e=\dot{\psi}_v=\dot{\theta}=\frac{V}{R} \tag{1.1}$$

对于常规船，漂角 $\beta \approx 0°$，因此有 $\psi_v \approx \psi$，其大地回转率与船体坐标系中的回转率（自转）基本上是一致的，即 $r_e \approx r$。对于气垫船，由于漂角 β 的存在，而且 β 的变化很大，公转的大地回转率与自转的船体回转率（转首角速度）并不相等，甚至差别很大。气垫船大地回转率为

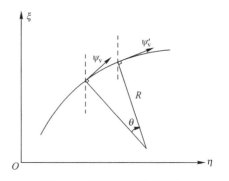

图 1.2 大地坐标下回转率

$$r_e = \dot{\psi} + \dot{\beta} = r + \dot{\beta} \quad (1.2)$$

在气垫船的操纵与控制中必须计入上述与常规船定义存在的差别。

由于气垫船回转时大漂角的影响，其回转性能试验的指标战术直径 D_T 的定义不同于常规船舶，图 1.3 所示为回转时船重心的运动轨迹与航向，对于气垫船回转战术直径 D_T 的定义应为在设定航速条件下船从初始直航到航速向改变 180°时（注意不是舯向）重心间的横向距离。

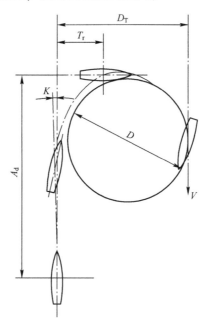

图 1.3 回转时船重心的运动轨迹与航向

气垫船在操纵运动中易侧漂不仅会导致回转效率降低，航向把握不稳，还会产生"高速甩尾低速翻船"航行失稳的问题，因此，无论气垫船在航向保持还是正常回转操控中都希望将漂角 β 降到最低。

1.2 定常回转受力特性

在回转操纵的后期,当舵(或其他操纵面)的回转力矩与船的摇艏阻力矩达到平衡后,回转离心力与向心阻力也达到平衡,这时气垫船以速度 V 进入稳定回转 R 时的无因次离心加速度为

$$\bar{\phi} = \frac{V^2}{gR}(1+\eta) = \frac{V \cdot r}{g}(1+\eta) \tag{1.3}$$

式中:η 为附连惯性力系数,定常回转时 r、β 都不再变化,这时 $\dot{\beta}=0$,因此有 $r_e = r$。高速时附连水质量系数 η 因兴波很少可近似忽略。

稳定回转时离心加速度应与横向阻力产生的向心加速度相平衡,由于气垫船在稳定回转时存在较大的漂角,离心力与船体横向阻力不等,存在一个漂角 β 的偏移,如图 1.4 所示。

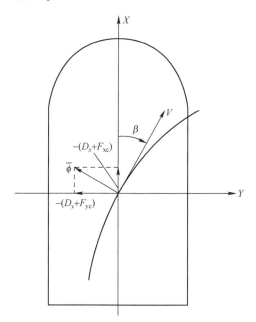

图 1.4 稳定回转时的离心力

稳定回转时船体 x 向与 y 向加速度均为零,可获得

$$\begin{cases} \bar{\phi}\cos\beta + (D_y + F_{yc})/W = 0 \\ \bar{\phi}\sin\beta + (D_x + F_{xc})/W = 0 \end{cases} \tag{1.4}$$

式中：W 为船重；D_x、D_y 分别为船体 x、y 向的阻力；F_{xc}、F_{yc} 分别为船的推进力、操纵面侧向力。

离心加速度与侧向力关系为

$$\overline{\phi} = -(D_y + F_{yc})/W\cos\beta = \sqrt{(D_x + F_{xc})^2 + (D_y + F_{yc})^2}/W \quad (1.5)$$

对常规船 $\beta \approx 0$，离心力与侧向向心力相等，与纵向力无关。

而对气垫船，由于 $\beta \neq 0$，离心力则与由侧向力和纵向力产生的向心力相等，漂角越大纵向力成分越大。

无因次回转半径为

$$\overline{R} = \frac{R}{L_c} = \frac{F_n^2}{\overline{\phi}}(1+\eta) \quad (1.6)$$

对应的无因次回转角速度为

$$\overline{r}_e = r_e \sqrt{\frac{L_c}{g}} = \frac{\overline{\phi}}{F_n \times (1+\eta)} = F_n / \overline{R} \quad (1.7)$$

图 1.5 显示了气垫船 ACV、SES 以及高速单体船 Monohull、水翼艇 Hydrofoil 等高性能船的典型回转性能曲线。

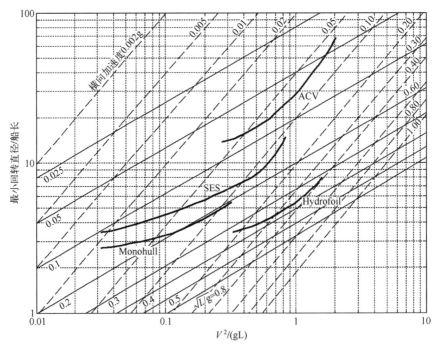

图 1.5　气垫船等高性能船回转性能曲线

由图 1.5 可见，气垫船在阻力峰以上 $0.7 \leqslant F_n \leqslant 1.0$ 高速回转时，横向加速度 $0.055 \leqslant \overline{\phi} \leqslant 0.065$，最小回转半径比 $\overline{R}$ 为 20～30，对应的最大无因次回转角速度 $\overline{r}_e$ 为 0.06～0.07。图 1.5 所示的气垫船回转性能数据是早期低气垫密度（$\overline{P}_c$ 小）大飞高的民用气垫船统计结果。从上述分析可知，回转性能参数主要与侧向阻力 D_y/W 和操纵面空气舵、桨距差、艏喷管的侧向力 F_{yc}/W 相关。垫升高度（与气垫流量相关）越小，水动阻力越大回转半径下降越多，同时气垫密度越高水动兴波阻力越大，回转半径也越小。如图 1.5 中的 SES 曲线所示。空气舵回转时提供的侧向力是离心力，而艏喷管则相反，提供的是向心力，因此在同样的回转力矩下，艏喷管比空气舵可达更大回转率与更小回转半径。

当气垫船稳定侧漂回转时，其侧向阻力主要由气垫兴波阻力、围裙触水阻力与泄流动量阻力、空气阻力等组成，气垫压力以速度 V 与漂角 β 移动并以回转率 r 自转，合成的速度矢量在水面产生了兴波。气垫船越出阻力峰后，由于自转的线速度相对 X-Y 向的线速度 u-v 是个小量，高速时水动力主要受 u、v 的影响，r 的影响相对较小。图 1.6 显示了气垫船无约束时，阻力系数、侧向力系数随漂角变化。

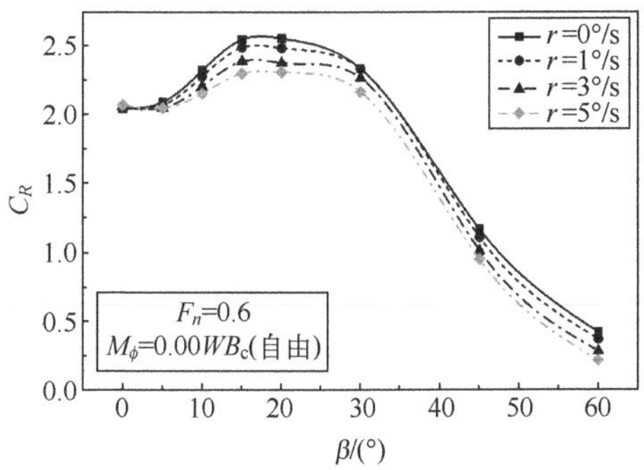

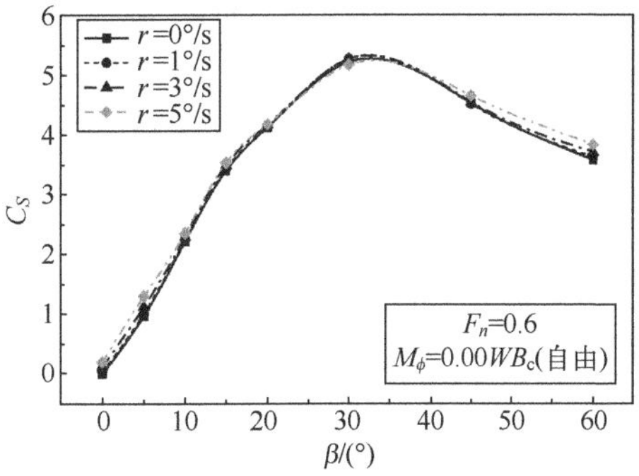

图 1.6　无约束时，阻力系数、侧向力系数随漂角变化

当 $F_n \geqslant 0.7$ 越出阻力峰后气垫兴波波长开始大于船长，这时内倾波倾角 ϕ_w 产生的横向阻力即为其兴波阻力，同时水动与气动阻力相对重心产生的横倾力矩形成的泄流角 ϕ_c 产生了气垫动量阻力，图 1.7 显示了气垫船稳定侧漂回转时的横向受力分析。

根据图 1.7，气垫兴波阻力 R_w 与动量阻力 R_c 分别为

$$
\begin{aligned}
R_w &= P_c S_c \sin\phi_w, \quad \overline{R}_w = \phi_w \\
R_c &= P_c S_c \sin\phi_c, \quad \overline{R}_c = \phi_c
\end{aligned}
\tag{1.8}
$$

此外，还存在由围裙底端触水产生的围裙触水阻力 R_s。由于气动力形成的横倾力矩总使迎风侧抬头以及兴波波倾角影响，因此气垫船正常都是内倾回

转，逆风时内倾角增大，顺风时内倾角减小。图1.8显示了气垫船中高速下横倾角随航速漂角的变化曲线。图中的横倾角包括上述的兴波角 ϕ_w 与泄流角 ϕ_c，其中以兴波角 ϕ_w 为主。

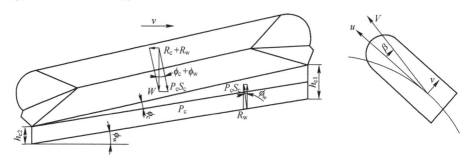

图1.7 气垫船稳定侧漂回转时横向受力分析

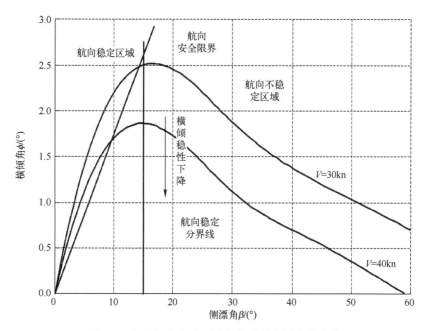

图1.8 气垫船中高速下横倾角随航速漂角的变化

由图1.8可见，随航速增加，兴波减小使波倾角减小，随漂角增大兴波产生的波倾角先增大，在 $\beta=10°\sim20°$ 达到峰值后即开始下降。在这个航速漂角区域侧向阻力达最大，气垫船的回转半径可以达到最小。漂角再继续增大，随着内倾横倾角的减小回转向心阻力减小，使回转开始变向不稳，容易发生"甩尾"的航向失稳。

气垫船采用艉空气舵操控时,舵力在提供回转力矩的同时提供了一个外向(离心)侧向力 F_{yr},该侧向力在重心上方使船产生外倾,由此产生的气垫侧向泄流动量力,又进一步加大了该外向(离心)侧向力。采用艉喷管操控时结果相反,喷管在提供回转力矩的同时提供了一个内向(向心)侧向力 F_{yT},该侧向力使船内倾,由其产生的气垫侧向泄流动量力进一步加大了该内向(向心)侧向力。设侧向力以向心为正,则艉喷管与艉空气舵的侧向力分别为

$$\begin{cases} \overline{F}_{yc1} = \dfrac{F_{yT}}{W} + \sin\left(\dfrac{F_{yT} \cdot l_{yT}}{W \times B_c}\bigg/\overline{K}_x\right) \\ \overline{F}_{yc2} = \dfrac{F_{yr}}{W} + \sin\left(\dfrac{F_{yr} \cdot l_{yr}}{W \times B_c}\bigg/\overline{K}_x\right) \end{cases} \quad (1.9)$$

式中:W 为船重;l_{yT}、l_{yr} 分别为艉喷管力与艉空气舵力到重心垂向距离;B_c 为气垫宽;$\overline{K}_x$ 为无因次横稳性;F_{yT} 为正,F_{yr} 为负。

将式(1.9)代入式(1.5)可见,艉喷管侧向力 F_{yc1} 与船侧向阻力 D_y 同向增大了抗离心力作用,因而其在同样回转力矩中可达到较大的回转角速度。艉舵侧向力 F_{yc2} 则正相反,在同样回转力矩下可达的回转角速度要小于前者。

1.3 航行安全性

气垫船高速运行于水气表面,"高速埋首"或"高速甩尾"引起的"低速翻船"是气垫船典型航行安全性问题。图 1.9 显示了英国 SRN6 自航模试验结果:气垫船在零舵角顺侧风下发生了高速埋首,虽受侧风影响偏航漂角达 25°,这时纵摇低头角最大达-6°,但船仍能复原,而当在满舵回转发生埋首时偏航漂角达 60°以上,纵摇低头角达-8°,而横摇外倾达-12°以上,最终船模外侧倾翻。

上述案例说明:气垫船垂向平面的稳定性与横向平面运动密切相关。当船发生高速埋首纵向失稳时,若不打舵或不发生侧漂,一般尚不会发生翻船的安全性问题。如发生不对称高速埋首或高速航行时打满舵,则会产生急速回转甩尾与侧滑,同时船迅速降速,横倾也迅速加大,达到低速不稳定区域就会发生横侧翻船的安全性问题,当遭遇横侧风浪,上述风险会进一步加大。

为了确保气垫船的航行安全性,气垫船必须在高速机动性与航行安全性之间作一个协调控制,即通过对操纵运动进行安全限界,适当牺牲高速机动性以提高航行时的安全性能。图 1.10 显示了俄罗斯某型气垫船的航行安全限界曲线。

由图 1.10 可见,航速 40kn(1kn = 1.852km/h)以上不得回转,航速

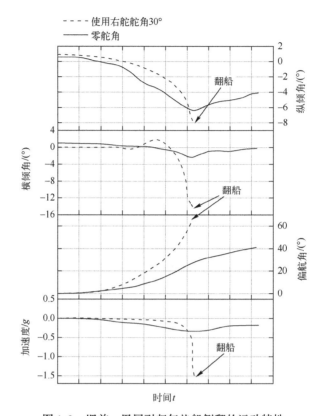

图 1.9 埋首、甩尾引起气垫船侧翻的运动特性

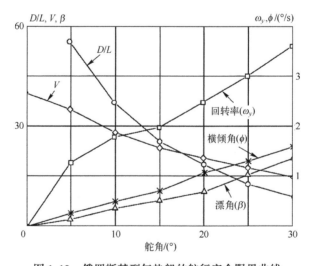

图 1.10 俄罗斯某型气垫船的航行安全限界曲线

15~35kn 回转容许的最大舵角从 28°降到 5°，最大回转角速度从 3.5°/s 降到 1.2°/s，漂角从 15°降到 2°，横倾角从 1.5°降到 0.3°。低速到 14kn 以下可以打满舵。对于仅有艉空气舵的气垫船，在这样的安全限界条件下气垫船高速机动性能受到了很大限制。但对于同时具有艏喷管与艉空气舵的气垫船，其高速机动性能在满足航行安全的基础上有大幅提高。图 1.11 显示了美国 JEFFB 船在艏推器 20°下的回转试验曲线。试验点包括了 20~50kn 航速的数据，最大回转角速度达 3°/s，最大横倾角约 3°，最大漂角达到 30°左右。

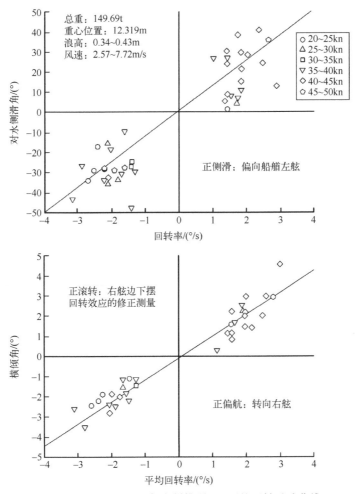

图 1.11 美国 JEFFB 船在艏推器 20°下的回转试验曲线

LCAC 艇是 JEFFB 船的批产艇，随着 LCAC 艇在自动驾控系统上的不断改进发展，其高速机动性能在保证航行安全性基础上获得了进一步的提高。

第 2 章 操纵性运动方程

2.1 四自由度操纵运动方程

操纵运动方程需采用两种坐标系进行描述,如图 2.1 所示,即表征航向航迹的大地坐标系 $\xi O \eta$ 与表征船体运动的船体坐标系 xoy。转动角度相对坐标系顺时针为正(右手法则)。

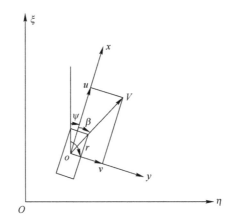

图 2.1 操纵性运动坐标系

对于船体坐标系下气垫船四自由度操纵运动微分方程如下:

$$\begin{cases} m(\dot{u}-vr) = X_h + X_a + X_p + X_\alpha \\ m(\dot{v}+ur) = Y_h + Y_a + Y_\delta + Y_\alpha \\ I_z \dot{r} = N_h + N_a + N_p + N_\delta + N_\alpha \\ I_x \dot{P} = K_h + K_a + K_\delta + K_\alpha + K_g \end{cases} \quad (2.1)$$

式中:$\dot{u}$、$\dot{v}$ 为速度 u、v 对时间 t 的导数,也即 x、y 方向的加速度,u、v 为船速 V 在 x、y 向分量;$\dot{r}$、$\dot{P}$ 为速度 r、P 对时间 t 的导数,也即转艏与横摇角加速度,r、P 为转艏与横摇角速度。该式右侧相应流体动力下标 h、a、p、δ、α

分别为水动力、气动力、螺旋桨力、舵力、艉推器力；K_g 为重力横倾力矩。船体运动与大地坐标系的运动学关系如下：

$$\begin{cases} \dot{\psi} = r \\ \dot{\xi} = u\cos\psi - v\sin\psi \\ \dot{\eta} = u\sin\psi + v\cos\psi \\ \dot{\phi} = P \end{cases} \quad (2.2)$$

气垫船在静水中操纵运动产生的力，低速时以水动力为主，高速时由于兴波力的减小，空气动力将占很大比例。操纵性运动方程（2.1）也可以表达为

$$\begin{cases} m(\dot{u}-vr) = X(u,v,r,\phi) + X_c(P,\alpha) \\ m(\dot{v}+ur) = Y(u,v,r,\phi) + Y_c(\alpha,\delta) \\ I_z \dot{r} = N(u,v,r,\phi) + N_c(\alpha,\delta,P) \\ I_x \dot{P} = K(u,v,r,\phi,P) + K_c(\alpha,\delta) \end{cases} \quad (2.3)$$

式（2.3）右侧第一项为船体流体动力项，包括水动力与气动力两类；第二项是控制力项。四自由度中，纵向速度 u 由桨距角自主控制。横向速度 v 在没有艉推器时是不可控的，艉舵主要用于回转率 r 的控制，其侧向力是增加侧漂的。有了艉推器则可结合艉舵对 v 与 r 两自由度实施主动控制。自由度 ϕ 是操纵运动中的随动量，是不可控的。由 u、v、r 产生的水气动力以及艉喷管与艉舵产生的 ϕ 角（包括兴波倾角 ϕ_w 与气垫泄流角 ϕ_c），在 u、v、r 方向产生的力已反映在横向平面运动方程中，因此操纵运动方程（2.3）也可简化为以速度 u 为参变量的 $v\text{-}r$ 二自由度操纵方程。

2.2 水动力特性与试验方法

2.2.1 操纵运动水动力特性

气垫船操纵运动的水动力主要由气垫兴波力、泄流动量力及围裙触水力组成，兴波阻力取决于兴波波倾角，泄流动量力与围裙触水力取决于所有水气动力使船纵横倾产生的气垫泄流角。这些力相互耦合很难精确计算，特别是柔性围裙的触水力，在内部气垫力与外部水动力的联合作用下存在高频拍打现象。静水中操纵运动平面水动力可表述为

$$\begin{cases} X_h = \iint P_c(x,y)\left(\theta_c + \dfrac{\partial \xi_{cw}}{\partial x}\right)dxdy + X_{sw} \\ Y_h = \iint P_c(x,y)\left(\phi_c + \dfrac{\partial \xi_{cw}}{\partial y}\right)dxdy + Y_{sw} \\ N_h = \iint P_c(x,y)\left[x\left(\phi_c + \dfrac{\partial \xi_{cw}}{\partial y}\right) - y\left(\theta_c + \dfrac{\partial \xi_{cw}}{\partial x}\right)\right]dxdy + N_{sw} \end{cases} \quad (2.4)$$

式中：$P_c(x,y)$ 为船在运动时由气垫分隔产生的垫压分布；θ_c、ϕ_c 为由外力矩产生的气垫泄流纵横倾角；$\dfrac{\partial \xi_{cw}}{\partial x}$、$\dfrac{\partial \xi_{cw}}{\partial y}$ 为 u、v、r 运行时产生的兴波波高与波浪入射波高 ξ_{cw} 在 x、y 向的波倾角；X_{sw}、Y_{sw}、N_{sw} 为在相应兴波与入射波高 $\xi_{cw}(x,y)$ 和泄流高 h_c 与纵横倾角 θ_c、ϕ_c 下产生的围裙手指触水力，对于不同围裙型式与成型状态该项围裙力变化会达到较大幅值。一般情况（除了高航速/风速）下，静水时气垫兴波力为主要操纵运动力，许多操纵运动的基本特性均与其相关。

根据表面波势流理论，气垫兴波计算可通过在自由面上满足相应动力学与运动学边界条件的拉普拉斯方程求解：

$$\begin{cases} \nabla^2 \phi = 0, & \text{连续性控制方程} \\ \left[\dfrac{\partial}{\partial t} - \boldsymbol{U} \cdot \nabla\right]\xi = \dfrac{\partial \phi}{\partial z}, & \text{自由表面运动学边界条件} \\ \left[\dfrac{\partial}{\partial t} - \boldsymbol{U} \cdot \nabla\right]\phi = -g\xi - \dfrac{P_c}{\rho_w}, & \text{自由表面动力学边界条件} \end{cases} \quad (2.5)$$

式中：ϕ 为速度势；ξ 为表面波高；$\boldsymbol{U}$ 为气垫船纵、横向速度与回转角速度 u、v、r 的矢量积；P_c 为波面上气垫面积内的压力分布，$P_c = P_c(x,y,t)$。

通过上述计算可获得不同 u、v、r 下的气垫兴波波形 $\xi_{cw}(x,y)$ 以及相应气垫兴波平面力 X_{cw}、Y_{cw}、N_{cw}。图 2.2 与图 2.3 分别显示了某气垫船 25kn 与 35kn 航速下不同漂角的纵向气垫兴波波形。

由图 2.2 和图 2.3 可见，在越出阻力峰后相同漂角下，航速越大纵向波倾角 θ_w 越小。相同航速下随漂角 β 增加，纵向波形横向不再对称，形成横向波倾角 ϕ_w。在漂角 β 为 15°附近横向波倾角 ϕ_w 达最大，25kn 与 35kn 时分别为 3°与 2.5°。

图 2.4 显示了由气垫兴波理论计算获得的各种漂角下的纵向力、侧向力与转首力矩的无因次系数 C_x、C_y 与 C_N。这些无因次力系数与以船重、气垫长无因次的表达式关系如下：

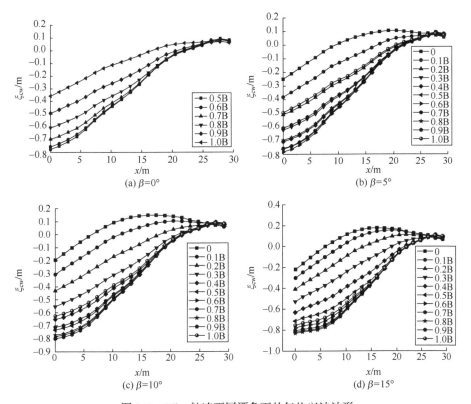

图 2.2　25kn 航速不同漂角下的气垫兴波波形

$$\begin{cases} \overline{R}_x = \dfrac{R_x}{W} = \dfrac{\rho_a}{\rho_w} C_x \cdot \dfrac{P_c}{\rho_a g L_c} = 1.21 \times 10^{-3} C_x \cdot \overline{P}_c \\ \overline{R}_y = \dfrac{R_y}{W} = 1.21 \times 10^{-3} C_y \cdot \overline{P}_c \\ \overline{N}_z = \dfrac{N_z}{W L_c} = 1.21 \times 10^{-3} C_N \cdot \overline{P}_c \end{cases} \qquad (2.6)$$

式中：$\overline{P}_c$ 为无因次气垫压长比。

图 2.5 显示了气垫船直航时（$\beta=0°$）的气垫兴波阻力特性曲线。

由图 2.4 可见，在 $F_n = \dfrac{V}{\sqrt{gL_c}} \geqslant 0.7$ 即越出阻力峰后，在 $15° \leqslant \beta \leqslant 30°$ 范围内，侧向力与转首力矩达到了最大值，随 F_n 增大，该最大值减小，同时对应的峰值 β 角也由大变小。这些变化特征表征了气垫船随漂角增大其回转性能获

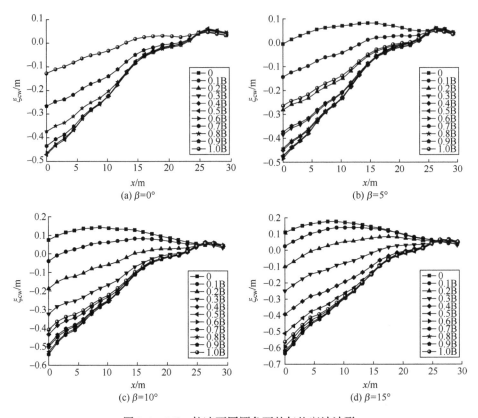

图 2.3　35kn 航速不同漂角下的气垫兴波波形

得提高,特别是在低速大漂角情况下。在漂角 β 小于其峰值区域情况,转首力矩对漂角导数 $\dfrac{\partial N_z}{\partial \beta}$ 为负值,漂角是稳定的,而侧向力对漂角导数 $\dfrac{\partial R_y}{\partial \beta}$ 为正值,随漂角增加向心阻力增加,也是稳定的。当漂角 β 大于其峰值后或在 $F_n \leqslant 0.5$ 时,$\dfrac{\partial N_z}{\partial \beta}$ 转首力矩导数变正,漂角变得不稳定,这就导致了低速航向不稳与高速甩尾不稳的问题。阻力峰速以下气垫船航向不稳定,高速时 $\beta \geqslant 15°$ 以后会发生甩尾动不稳定。回转时航速越高向心侧向阻力越小,导致其回转半径迅速增大。纵向航速越出阻力峰后,在横向侧漂速度达阻力峰前,侧漂与回转均是稳定的,在横向阻力峰附近回转半径可达最小值,越过阻力峰后回转漂角趋向不稳定。

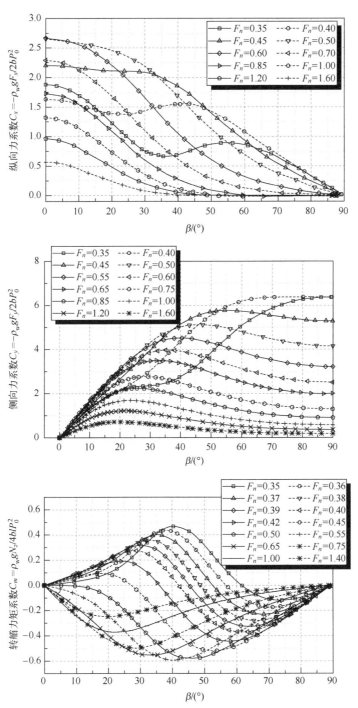

图 2.4 气垫兴波不同漂角下的纵向力、侧向力与转首力矩

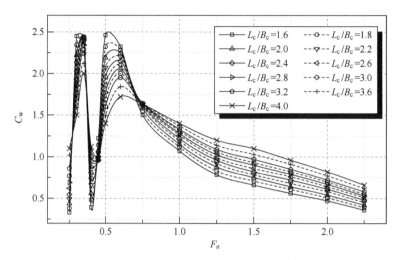

图 2.5　不同 L/B 时直航的兴波阻力曲线

2.2.2　水动力系数试验方法

根据操纵性运动方程（2.3），水动力是 u、v、r、ϕ 的非线性函数，u、v、ϕ 引起的力可以由船模水池的斜拖试验获取，与 r 有关的力需通过平面运动机构或回转水池试验获取，而对于附加质量水动力只能通过平面运动机构试验获取。船模水池试验满足 F_n 相似条件，由于空气的雷诺数 Re 很低，达不到自模拟区，因此应在拖车试验中扣除外表面气动力影响。将船模在同样拖车环境下垫升于一平板上测试相应的气动力，然后从总的水气动力中予以扣除，或直接在船模拖车前方水面上方全面封死，进行纯水动力试验。由此获得的水动力包括气垫兴波力、围裙触水力及相对重心的纵横倾力矩形成的气垫泄流动量力。

对操纵性运动方程（2.3）中的水动力，在 $u_0=c$，$v_0=\phi_0=r_0=0$ 邻域进行非线性多元泰勒级数展开，可获得下列平面运动机构试验表达式：

$$\begin{cases} X_h = X_h(u,v,\phi) \\ Y_h = Y_h(u,v,\phi) + Y_{\dot v}\dot v + Y_r r + Y_{|r|r}|r|r + Y_{\dot r}\dot r + Y_{|r|\phi}|r|\phi + Y_{|v|r}|v|r \\ N_h = N_h(u,v,\phi) + N_{\dot v}\dot v + N_r r + N_{|r|r}|r|r + N_{\dot r}\dot r + N_{|r|\phi}|r|\phi + N_{|v|r}|v|r \\ K_h = K_h(u,v,\phi) + N_{\dot v}\dot v + K_r r + K_{|r|r}|r|r + K_{\dot r}\dot r + K_{|r|\phi}|r|\phi + K_{|v|r}|v|r + K_{\dot\phi}\dot\phi + K_g \end{cases}$$

(2.7)

式中：右侧第一项为水池斜拖试验获取的非线性函数；第二项由纯横荡试验获得；第三、四、五项由纯摇首试验获得；第六项由带横倾摇首试验获得；第七项由带漂角摇首试验获得。横摇力矩 K_h 中的 $K_{\dot\phi}$ 项由水池横摇衰减试验获得。式（2.7）试验方法缺失回转对 X 力影响，以及同时侧漂横倾与回转对侧向力与回转力矩的影响。此外，摇首或横荡试验产生的周期兴波干扰与实际定常兴波状态差异较大，因此会对结果带来一定误差。

相对上述试验，回转水池试验更能反映高速气垫艇的实际情况，船模固定不同 β、ϕ，水池通过变回转转速调 r、变回转半径调 V，结合斜拖试验（$r=0$），可以获得上述 4 个力的 u、v、r、ϕ 的非线性函数。基于回转水池试验的操纵运动方程表达式为

$$\begin{cases} X = X_h(u,v,r,\phi) \\ Y = Y_h(u,v,r,\phi) + Y_{\dot v}\dot v + Y_{\dot r}\dot r \\ N = N_h(u,v,r,\phi) + N_{\dot v}\dot v + N_{\dot r}\dot r \\ K = K_h(u,v,r,\phi) + K_{\dot v}\dot v + K_{\dot r}\dot r + K_{\dot\phi}\dot\phi \end{cases} \quad (2.8)$$

式中：第一项为包含 $r=0$ 斜拖试验在内的回转试验获得四维运动参数（u、v、r、ϕ）的水动力矩阵数据库。后面的运动加速度（$\dot v$、$\dot r$、$\dot\phi$）产生的附加惯性力则由平面运动机构的横荡与摇首试验获得。第一项的四维运动矩阵数据库在以 u 为参变量条件下可表达为[4]

$$F_1(v,r,\phi) = \sum_{i=0}^{1}\sum_{j=0}^{1}\sum_{k=0}^{1} a_{i,j,k} v^i r^j \phi^k \quad (2.9)$$

式中：$a_{i,j,k} = \dfrac{\partial^{i,j,k} F_1}{(\partial v)^i (\partial r)^j (\partial \phi)^k}$。

$a_{i,j,k}$ 代表 v、r、ϕ 不同状态空间点的相应偏导数，由运行点状态参数邻域的力数据点多维插值获取。式（2.9）表达了状态空间点与力空间点间的映射关系式，是状态运行点邻域三维一阶泰勒级数展开的表达式。更进一步，船模可固定不同 θ、z 进行试验，全面反映垂向与横向运动的耦合影响，由此可建立六自由度运动方程。同样，由于气动力相似问题，回转水池试验也需进行扣风或直接挡风试验，以去除外表面气动力。

船平衡直航时处于 $v=r=\phi=0$ 的状态空间原点，稳定回转时处于 v-r-ϕ 状态空间中某个特定点，其位置取决于操控力。当受操控或外界干扰船的操控运动，由于 v-r-ϕ 的强烈耦合，其状态矢量将在 v-r-ϕ 状态空间中形成相应的

轨线，这些轨线形成的空间即为后面稳定性分析的相空间。

平面运动机构试验采用在 $v=r=\phi=0$ 原点的泰勒级数展开，其数据仅为在 $v-r$、$r-\phi$、$v-\phi$ 三个平面中的导数，在中间 $v-r-\phi$ 广大实际操控运动状态空间中没有相应数据，因此方程（2.7）的应用范围是不完整的，即在实际运行点附近较大邻域内是没有数据支撑的。回转水池附加平面运动机构试验获取的运动方程（2.8）则是在 $v-r-\phi$ 整个三维运动域内均有相应数据的支撑，可以更好地进行非线性操纵运动仿真以及相空间稳定性分析。回转水池试验通过 $z-\theta$ 垂向自由度的加载试验，可将方程（2.8）扩展到包括 $z-\theta$ 的六自由度运动方程。

对于平面运动机构水动力试验方法，由于常规船主要是黏性力，回转运动时漂角与横倾角都较小，因此可采用在 $v_0=\phi_0=r_0=0$ 邻域展开的多维泰勒级数表达其水动力。而气垫船主要为势流表面兴波力，回转运动时回转率、漂角与横倾角强烈耦合且具有强烈的非线性关系，采用上述两两耦合的多维泰勒级数表达其水动力就存在较大的问题。如方程（2.7）中第六项漂角设为零的带横倾摇首试验，漂角为零，表面兴波产生的横倾角也为零，带横倾摇首试验不能反映由兴波内外倾对气垫船回转的影响。方程（2.7）中第七项横倾设为零的带漂角摇首试验，由于不同漂角零横倾力矩的兴波内倾角随航速 u 减小而迅速增大，带漂角零横倾摇首试验只能反映气垫船外倾回转（相对自由兴波内倾角）的结果，该数据在低速时可能有很大的误差。由于气垫船主要水动力为表面兴波力，回转时必然外漂，由此产生的兴波力使船内倾，同时提供向心力与回转阻力矩，其左右是不对称的。气垫船的 $v-r-\phi$ 运动是强烈耦合的，方程（2.7）的泰勒展开表达式缺失了相应的三维偏导数项。左右摇首试验方法只适用于横倾与横倾力矩对称的常规船型，对于有漂角存在兴波初始横倾 ϕ_0 造成横倾与横倾力矩不对称的气垫船存在较大的问题，而回转水池试验方法更能模拟气垫船实际回转状态参数的影响，包含了多维耦合与非线性的关系。式（2.9）是运行当地状态矢量邻域的多维线性插值，而不是平面运动机构试验方法从零点开始的非线性展开。

图 2.6 显示了船模约束斜拖试验的纵向力、侧向力、回转力矩与横倾力矩结果。由图可见，在阻力峰以下 $F_n=0.49$ 时明显不同于高 F_n 的情况，在 $\beta\leqslant15°$ 时其回转力矩导数 $\dfrac{\partial N}{\partial \beta}$ 为正，漂角是不稳定的，而在 $15°<\beta<40°$ 时该导数变负，漂角又转为稳定。在越出阻力峰 $F_n>0.7$ 后，在 $\beta\leqslant15°$ 时回转力矩导数 $\dfrac{\partial N}{\partial \beta}$ 为负，

航向均稳定,这与理论结果完全相符。在 $\beta \leqslant 15°$ 时横倾力矩导数 $\dfrac{\partial K}{\partial \beta}$ 为正,说明在侧漂方向是抬头力矩,或在侧滑回转时是内倾力矩。因此,在侧滑回转时单从 β 这个自由度考虑,$\beta=15°$ 是反映漂角或航向稳定性的一个临界点。计入航速与回转率的影响该临界漂角会有所变化,随航速降低回转率增大,临界漂角 β 将会从 15°增大到 30°左右。

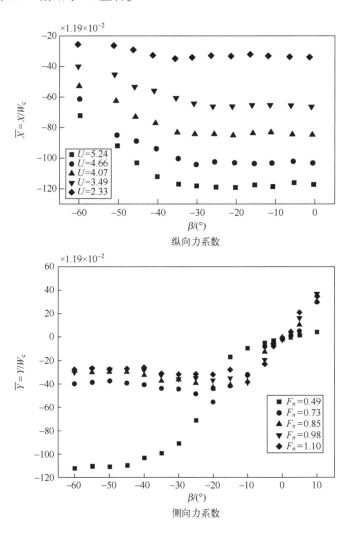

纵向力系数

侧向力系数

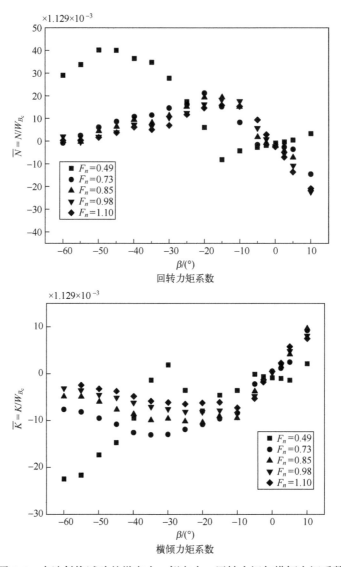

图 2.6　水池斜拖试验的纵向力、侧向力、回转力矩与横倾力矩系数

2.3　气动力特性与试验方法

气垫船高速运行于水气表面，外部水气动力属于同一量级，特别是中高速时。船模水池试验由于气动雷诺数 Re 达不到自模拟区，必须扣除相应的气动力，外部气动力则应通过风洞试验获取。风洞试验除了需满足 $Re>2\times10^6$，对

影响外部气动力的艉空气螺旋桨、艏旋转喷管、两侧的垫升风机进气以及气垫下部的泄流需根据相似分析获得的无因次相似系数开展气垫船船模风洞试验。对应于空气螺旋桨、旋转喷管、垫升风机与气垫泄流 4 个无因次相似系数如下：

$$
\begin{aligned}
&\text{螺桨推力相似系数 } K_{\mathrm{TV}} = \frac{T}{S_{\mathrm{p}} \cdot \frac{1}{2}\rho_{\mathrm{a}} V_0^2} = 2\left(\frac{V_{\mathrm{T}}}{V_0}-1\right)\frac{V_{\mathrm{T}}}{V_0} \\
&\text{喷管推力相似系数 } K_{\mathrm{JV}} = \frac{\rho Q_{\mathrm{j}}(V_{\mathrm{j}}-V_0)}{S_{\mathrm{j}} \cdot \frac{1}{2}\rho_{\mathrm{a}} V_0^2} = 2\left(\frac{V_{\mathrm{j}}}{V_0}-1\right)\frac{V_{\mathrm{j}}}{V_0} \\
&\text{风机进气相似系数 } K_{\mathrm{FV}} = \frac{Q_{\mathrm{c}}}{S_{\mathrm{f}} \cdot V_0} = \frac{V_{\mathrm{f}}}{V_0} \\
&\text{气垫泄流相似系数 } K_{\mathrm{CV}} = \frac{P_{\mathrm{c}}}{\frac{1}{2}\rho_{\mathrm{a}} V_0^2} = \left(\frac{V_{\mathrm{c}}}{V_0}\right)^2
\end{aligned}
\tag{2.10}
$$

气垫泄流飞高很小，尽管泄流流速 V_{c} 相对 V_0 可达很大，但对上表面气动力影响不大，近似可忽略。风机进气的流速 V_{f} 相对螺桨与喷管的出流流速 V_{T} 与 V_{j} 要小近一个量级，也近似可忽略。因此，风洞试验应保证 Re、K_{TV}、K_{JV} 的相似。上表面由气垫进气产生的动量阻力 $\rho_{\mathrm{a}} Q_{\mathrm{c}} V$ 在水池与风洞试验中都被略去了，在操纵性运动方程中需另外增加该项内部气动力。

图 2.7 显示了在仅有螺桨推力影响下的气动侧向力与回转力矩系数[3]。由图可见，侧向力系数受螺桨推力影响较小，随推力增大 $\frac{\partial Y}{\partial \beta}$ 略有增大。而对转首力矩系数，$\frac{\partial N}{\partial \beta}$ 正负号受螺桨推力的影响在漂角 $\beta \leqslant 15°$ 时发生了变化，零推力时该值为负，直到 $\beta \leqslant 50°$ 气动漂角是稳定的，而一旦有了推力，$\frac{\partial N}{\partial \beta}$ 即变为正，推力越大该导数也越大，气动漂角越趋向不稳定。

图 2.8 显示了带推力影响的气动纵倾与横倾力矩系数。由图可见，随推力增加抬首纵倾力矩 M_y 迅速增大（包括推力线产生的低头力矩后数值），在漂角 35° 时达到峰值。增加推力对横倾力矩影响也较大，随漂角 β 增加可产生更大的抬头横倾力矩，$\frac{\partial M_x}{\partial \beta}$ 导数为负且随推力明显增加。到 $\beta = 40°$ 时该影响很大，大推力高速回转气动力会产生更大的内倾角。结合纵倾影响，大推力在

$\beta=40°$ 附近产生的风动转首力矩达最大。

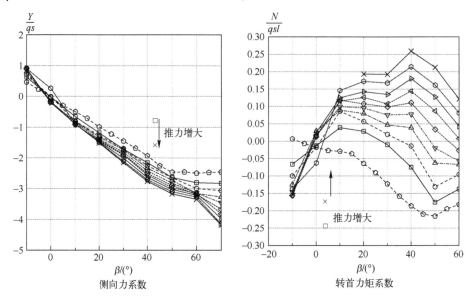

图 2.7 带推力影响的气动侧向力与转首力矩系数

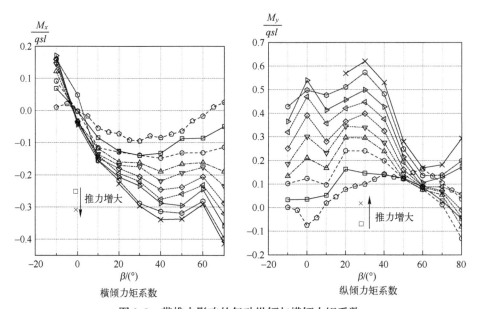

图 2.8 带推力影响的气动纵倾与横倾力矩系数

大推力使气动纵、横倾力矩系数 $\overline{M}_y = M_y/WL_c$、$\overline{M}_x = M_x/WB_c$ 增大,根据无因次气垫纵、横稳性系数 K_y、K_x 可获得相应的纵/横倾角以及无因次侧向力和

纵向力,即

$$\begin{cases} \overline{F}_y = \dfrac{F_y}{p_c S_c} = \sin\phi_c = \dfrac{\overline{M}_x}{K_x} \\ \overline{F}_x = \dfrac{F_x}{p_c S_c} = \sin\theta_c = \dfrac{\overline{M}_y}{K_y} \end{cases} \quad (2.11)$$

上述这些气动力特性反映了在大漂角下大推力（高航速）也是易造成气垫船高速甩尾的基本原因之一。

第 3 章　航向稳定性

3.1　操纵性特征方程

根据包括横摇影响的气垫船操纵性运动方程 (2.3)，不计操纵面控制力，考虑在任一初始动态平衡状态，船体在受到外界扰动后，在状态空间点的邻域附近其运动规律应满足方程 (2.3) 的小扰动线性运动方程组（略去二阶项），表示为状态矢量矩阵形式如下：

$$\{[H]S+[G]\} \times \begin{bmatrix} \Delta u \\ \Delta v \\ \Delta r \\ \Delta P \\ \Delta \phi \end{bmatrix} = 0 \quad (3.1)$$

其中，流体动力特征矩阵：

$$[G] = -\begin{bmatrix} X_u & X_v & mv_0 & 0 & X_\phi \\ Y_u & Y_v & -mu_0+Y_r & 0 & Y_\phi \\ N_u & N_v & N_r & 0 & N_\phi \\ K_u & K_v & K_r & K_p & K_\phi+mgz_G \\ 0 & 0 & 0 & 1 & 0 \end{bmatrix}$$

惯性力质量矩阵：

$$[H] = \begin{bmatrix} m & 0 & 0 & 0 & 0 \\ 0 & m-Y_{\dot{v}} & -Y_{\dot{r}} & 0 & 0 \\ 0 & -N_{\dot{v}} & I_z-N_{\dot{r}} & 0 & 0 \\ 0 & -K_{\dot{v}} & -K_{\dot{r}} & I_x & 0 \\ 0 & 0 & 0 & 0 & 1 \end{bmatrix}$$

式中：S 为拉普拉斯算子。

这是一个五元一阶常微分方程组，其解的一般形式为

$$\begin{bmatrix} \Delta u \\ \Delta v \\ \Delta r \\ \Delta P \\ \Delta \phi \end{bmatrix} = \begin{bmatrix} \tilde{u} \\ \tilde{v} \\ \tilde{r} \\ \tilde{P} \\ \tilde{\phi} \end{bmatrix} e^{\sigma_i t} \tag{3.2}$$

式中：$\tilde{u}$、$\tilde{v}$、$\tilde{r}$、$\tilde{P}$、$\tilde{\phi}$ 为积分常量；σ_i 为特征方程 $[H]S+[G]$ 的根。如果 σ_i 为负实数或实部为负的复数，即在特征根坐标平面的左半部，则当 $t \to \infty$ 时扰动后的状态矢量 $[\Delta u \quad \Delta v \quad \Delta r \quad \Delta P \quad \Delta \phi]^T \to 0$，意味着气垫船具有操纵稳定性。

操纵稳定性实际上包含了 u-v-r 横向平面的航向稳定性（含直航与回转稳定性）、垂向平面 u-v-ϕ 侧滑横稳性和 u-v-r-ϕ 回转横稳性。操纵稳定性分析可根据涉及的状态矢量子矩阵的特征方程根计算判别对应的航向稳定性、侧滑横稳性与回转横稳性。全船的航行稳定性除了本章的操纵稳定性，还包括"低头埋首"纵稳性，该稳性属于 z-θ 纵向平面的稳定性范畴，将在六自由度运动方程中予以分析。方程（3.1）与方程（3.2）的线性小扰动稳定性分析只能反映在动态平衡状态附近局域空间的稳定性，如要获得稳定性边界则需在可能运行达到的大范围状态空间内改变不同的状态空间点组合，在其局域空间进行小扰动方程的稳定性分析。

3.2 直航稳定性与回转稳定性

根据航向稳定性的定义，当在某一航速 u 时，考虑在某一小扰动下横向速度 v 与回转角速度 r 两自由度发生变化，使船艏向或航向发生变化，在扰动取消一段时间后，横向速度 v 与回转率 r 不再变化，船向新的航向直线航行，表明该船在这一航速具有航向稳定性。定航速 u 情况下横向平面的航向稳定性，可以简化为四自由度操纵性特征方程（3.1）中的 $[\Delta v \quad \Delta r]^T$ 子矩阵进行特征根分析。

$$\left\{ \begin{bmatrix} m-Y_{\dot{v}} & -Y_{\dot{r}} \\ -N_{\dot{v}} & I_z-N_{\dot{r}} \end{bmatrix} S + \begin{bmatrix} -Y_v & mu_0-Y_r \\ -N_v & -N_r \end{bmatrix} \right\} \begin{bmatrix} \Delta v \\ \Delta r \end{bmatrix} = 0 \tag{3.3}$$

由式（3.3）Δv、Δr 两自由度特征方程的特征行列式 $|HS+G|=0$ 可获得该方程的特征根方程：

$$AS^2+BS+C=0 \tag{3.4}$$

式中：$A=(m-Y_{\dot{v}})(I_z-N_{\dot{r}})-N_{\dot{v}}Y_{\dot{r}}$；$B=-Y_v(I_z-N_{\dot{r}})-Y_{\dot{r}}N_v+N_{\dot{v}}(mu_0-Y_r)-N_r(m-Y_{\dot{v}})$；$C=Y_vN_r+N_v(mu_0-Y_r)$；该方程的根 $S=\begin{bmatrix} \sigma_1 \\ \sigma_2 \end{bmatrix} = \dfrac{-B \pm \sqrt{B^2-4AC}}{2A}$。

于是，式（3.3）解为

$$\begin{bmatrix} \Delta v \\ \Delta r \end{bmatrix} = \begin{bmatrix} \tilde{v}_1 & \tilde{v}_2 \\ \tilde{r}_1 & \tilde{r}_2 \end{bmatrix} \begin{bmatrix} e^{\sigma_1 t} \\ e^{\sigma_2 t} \end{bmatrix} \quad (3.5)$$

由式（3.5）可知，只有当特征根 σ_1 与 σ_2 都是负实数或是实部为负的复数时，随时间 t 增加，扰动响应 Δv 与 Δr 最终趋于零，运动才是直线稳定的，即具有航向稳定性，如图 3.1 所示[5]。

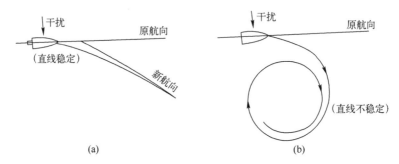

图 3.1 船受外界扰动后的直航稳定性

这要求两个共轭特征根 σ_1 与 σ_2 必须具有下列关系：

$$\begin{aligned} \sigma_1 + \sigma_2 &= -\frac{B}{A} < 0 \\ \sigma_1 \times \sigma_2 &= \frac{C}{A} > 0 \end{aligned} \quad (3.6)$$

由方程（3.4）可知，A 为惯性力系数，该值总大于零。B 为阻尼惯性力系数，该值大于零，意味着特征根具有负实部，系统随时间呈指数衰减，最终扰动响应幅值能趋于零。C 为复原阻尼力系数，该值与特征根虚部固有频率相关，大于零意味着系统具有能复原到零位的能力。$C>0$ 相当于特征方程（3.3）中的特征矩阵 $[G]$ 的行列式 $|G|>0$，属于静稳性范畴，定义为"直航稳定性"。而 $B>0$ 与 $C>0$ 相当于特征方程（3.3）中的特征矩阵 $\{[H]S+[G]\}$ 的胡尔威茨行列式大于零的判据，属于动稳性范畴，定义为"回转动稳性"。

常规船在静水中航行时一般不存在甩尾失稳的问题，其阻尼惯性力系数 B 总大于零，因此其航行稳定性仅用判据 C 即可。对于气垫船只有在零平衡点附近的小扰动阻尼惯性力系数 B 才会大于零，在气垫船侧滑回转的中后期惯性力达到一定量值后，系数 B 开始小于零，这时气垫船就会发生动态不稳定的"甩尾"现象，即"回转稳定性"失稳。

根据上述分析，由 $C>0$ 可获得无因次稳态的航向稳定性指数为

$$G_s = 1 - \frac{N_v(Y_r - mu_0)}{Y_v N_r} \tag{3.7}$$

若 $G_s > 0$，则气垫船具有直航的航向稳定性，反之则航向不稳。

图 3.2 显示了在不同 F_n 不同风向下的航向稳定性指数。由图可见，航速越低航向稳定性越差，受风向风速影响大，顺风低速时航向稳定性非常差，气垫船很难把握航向，直到 $F_n > 0.7$ 越出阻力峰后，航向稳定性才变好，这时风对航向稳定性的影响也随航速增大而减小。

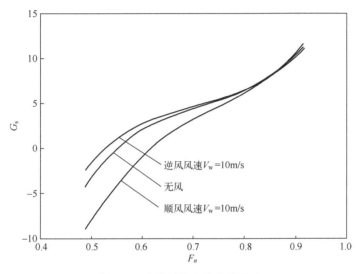

图 3.2 直航时航向稳定性指数

实际上，航向稳定性不只与横向速度 Δv、回转角速度 Δr 有关，还与航速 Δu 及横摇角 $\Delta \phi$ 有关，即对应于方程（3.1）的静稳定性分析。稳态的航向稳定性判据可表达为

$$稳态特征值 |G| > 0 \tag{3.8}$$

由于该特征值的计算分析要比两自由度复杂得多，这里不再详述。采用在各种初始速度下通过打舵小扰动计算各自由度的扰动响应来判别其稳定性。图 3.3 显示了四自由度稳定性仿真计算的结果[1]。该计算是以扰动舵角 $\Delta \delta = 5°$，时间 2s 后回零获得。由图 3.3 可见，航速直到 $F_n = 0.76$ 时系统仍是不稳定的，航速 V、漂角 β、横摇角 ϕ 均不能恢复到原始状态。由于 u、ϕ 自由度的增加使稳定性变差了，直到航速 $F_n = 0.91$ 时系统才达到稳定状态，以上尚未计入风向风速的影响。

对于非线性很强的气垫船操纵运动，可以通过螺旋试验来确定航向稳定

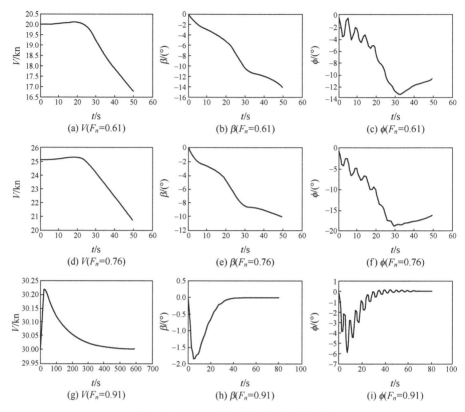

图 3.3 四自由度稳定性仿真计算结果

性。首先将直线稳定航行的船施以一初始舵角 δ_0,并"稳住"直到定常回转 r_0 为止;其次将舵角减小 $\Delta\delta$,保持到回转稳定减小 Δr;重复上述过程直到反舵角 $-\delta_0$ 与反向回转 $-r_0$ 为止。根据试验结果绘制 r-δ 曲线,该曲线对正反舵回转是以零点反对称的。图 3.4 显示了直线稳定与不稳定船的 r-δ 曲线。

图 3.4 中,曲线(a)过零点是稳定的,曲线(b)不过零点是不稳定的,曲线(c)是临界稳定的。对于不稳定曲线(b),双向操舵形成了中间一个(围绕零点的)滞环区域,该区域越大说明船越不稳定。图 3.5 显示了气垫船在不同航速下的单向螺旋试验仿真结果。由图 3.5 可见,在航速 $F_n < 0.91$ 前,螺旋试验曲线均不过零点,航向都不稳定,且航速越低稳定性越差。在航速 $F_n = 1.06$ 时,螺旋试验曲线不仅过零而且斜率最小,因此其航向稳定性最好。

螺旋试验需要较广阔海面,每次稳定回转时间叠加后试验时间长,海面环境状态易变化,因此不适宜气垫船实船的航向稳定性试验。采用简洁的阶跃回

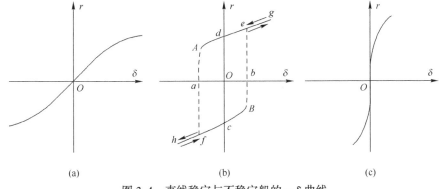

图 3.4 直线稳定与不稳定船的 r-δ 曲线

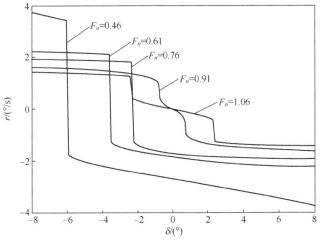

图 3.5 螺旋试验仿真计算结果

舵试验方法是气垫船实船航向稳定性试验一个比较适用的方法,即首先操 20° 左右的舵角使船达到稳定回转,其次操舵回中直至稳定直航。如船是直线稳定的,则回转角速度应衰减到零,如是直线不稳定的,则回转角速度将衰减到某一剩余值,如图 3.6 所示。为防止因船体不对称造成的误差,试验需左/右舵各做一次,该试验可与实船的回转试验一并进行。

气垫船除了上述稳态直线航行时的航向稳定性,在高速 V、大漂角 β 或回转率 r 的回转运动中,还会发生动态不稳定的"甩尾"稳定性问题,"甩尾"失稳现象一般都发生在较高航速采用大舵角回转的中后期,这时漂角 β 与回转率 r 都达较大值,船具有较大的动能与惯性力,特征根方程(3.4)在该状态空间点的系数 B 与 C 不再大于零,船进入动不稳定状态。图 3.7 显示了某气垫船实船回转试验的运动参数曲线。

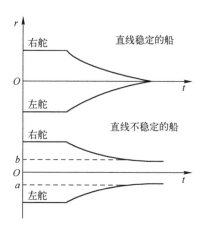

图 3.6　航向稳定性回舵试验

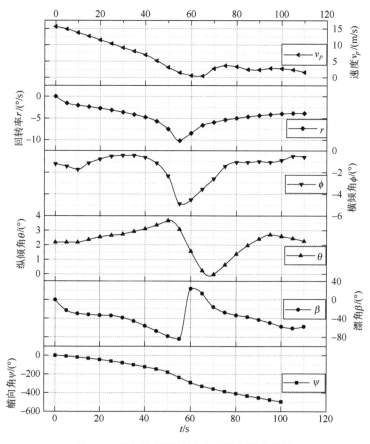

图 3.7　某气垫船回转运动参数与轨迹曲线

由图 3.7 可见，在船在 30kn 航速左 30°回转试验时，在艏向转到 $\psi=90°$，尽管 β 已达 40°~50°，r 也已达 4°/s 左右，船仍较稳定；而当 $\psi=180°$后船即发生急剧甩尾的不稳定，同时船的纵摇角 θ 与横摇角 ϕ 也因受尾浪影响发生大幅摇摆，r 最大达到 9°/s。图 3.8 显示了由操纵性运动方程（2.3）仿真计算的结果，船在 30kn 打舵 $\delta=-15°$时的回转特性显示在进入回转的第 4~14s 船似乎处于 r 不变的稳定回转状态，但这期间随 β 的增加在 $\beta>15°$以后即开始进入甩尾的不稳定区域。

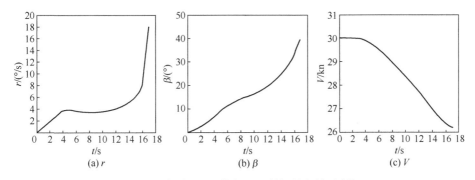

图 3.8 航速 30kn 舵角 15°时的甩尾时间历程

根据对特征方程流体动力导数的分析，回转稳定性的甩尾失稳除了与图 2.4 所示的漂角阻尼力矩静导数 $\dfrac{\partial N}{\partial \beta}$ 在 β 角较大（>15°）时由负变正有关，还与回转阻尼力矩静导数 $\dfrac{\partial N}{\partial r}$ 在航速 V 较大或 β 较大时由正变负有关。图 3.9 显示了不同航速与漂角下回转阻尼力矩的变化曲线。由图可见，在 $\beta=-10°$时

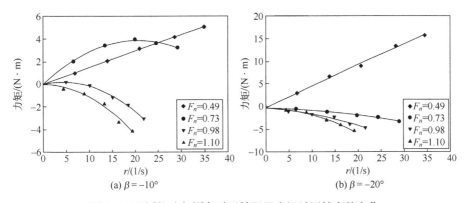

图 3.9 不同航速与漂角时回转阻尼力矩随回转率的变化

$F_n \geq 0.98$ 或 $\beta = -20°$、$F_n \geq 0.73$ 情况下，气垫船的回转阻尼力矩导数就由正变负了，这直接导致了动稳定性判据式（3.6）中的 B 与 C 符号的变化。

3.3 相空间航向稳定性分析

3.1 节与 3.2 节的稳定性分析均是基于式（3.1）与式（3.2）的线性小扰动方程的特征方程与特征根的稳定性分析方法，该方法只能反映在动态平衡状态附近局域空间的稳定性，不能反映在可能运行达到的大范围状态空间内的稳定性。基于李亚普诺夫稳定性理论的相空间法是确定非线性时变系统稳定性更为直观有效的方法，对于维度不高于 3 的动态系统很实用，由此方法可获得大范围稳定域的状态空间边界。根据李亚普诺夫稳定性定义，一个动态系统如下：

$$\dot{X} = f(X, t) \qquad (3.9)$$

式中：X 为 n 维状态矢量，如 $X = [u \ v \ r \ P \ \phi]^T$；$\dot{X}$ 为 X 对时间 t 的导数。

用 $\Phi(t_j X_0, t_0)$ 表示在 t_0 时刻开始状态矢量已被舵、桨等操纵面或外界风浪等扰动到 X_0 状态下，任意时刻 t_j 动态系统的状态，也即方程（3.9）的瞬时解。对于上述的动态系统在 $t < \infty$ 内总存在着 $f(X_e, t) = 0$，X_e 为系统的平衡状态，不再随时间而变化，如 X_e 代表船稳定直航或稳定回转时的状态矢量解 $[u \ v \ r \ P \ \phi]^T$。

选择一个空间域 $S(\varepsilon)$，对于包含有平衡态 $\|\Phi(t_j X_0, t_0) - X_e\| \leq \varepsilon (t \geq t_0)$ 的所有各点的球域，如必然存在一个空间域 $S(\delta)$，即包含有使 $\|X_0 - X_e\| \leq \delta$ 的所有各点的球域，在当 t 无限增加时，从 $S(\delta)$ 出发的轨迹总不离开域 $S(\varepsilon)$，则称系统具有李亚普诺夫意义下的稳定性动，即系统是动态稳定的。如从 $S(\delta)$ 出发的任意一个解，当 t 无限增加时不仅都不离开 $S(\varepsilon)$，且收敛于 X_e，则称系统具有"渐近稳定性"，即系统具有广义静稳定性。而当随时间增加从 $S(\delta)$ 出发的轨迹脱离 $S(\varepsilon)$，则该系统就称为动不稳定性。图 3.10 显示了上述李亚普诺夫稳定性的定义。

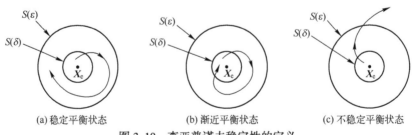

图 3.10 李亚普诺夫稳定性的定义

第3章 航向稳定性

应用状态矢量相空间的概念，在操纵性方程（2.3）中，除了方程右边第二项的操控力，不管是桨、舵等操控力还是外界风浪力的扰动，在状态矢量可能达到的范围内，设定由不同扰动产生的 X_0 对方程（2.3）进行积分求解，获得不同时刻 $t \geq t_0$ 的所有解 $\Phi(t_j, X_0, t_0)$。通过分析状态矢量 X 在 $t \geq t_0$ 时在相空间的走势与轨迹，即可获得相应的具有动稳定性的稳定域空间。为了直观分析稳定性，只有将系统合理分解简化，在二维的相平面内进行分析。对四自由度操纵性方程可将其分解成 u-v-r 横向运动相空间分析航向稳定性，u-v-ϕ 与 u-v-r-ϕ 横侧运动相空间分别分析斜航横稳性与回转横稳性。

在操纵性微分方程（2.3）中不计操控力，设定纵向航速 u 为参变量，在航向稳定性分析中主要涉及 v-r 两状态变量的相平面轨迹走势，可以近似忽略横摇角 ϕ 的耦合影响。方程（2.3）可简化得

$$\begin{cases} \dfrac{\mathrm{d}v}{\mathrm{d}t} = f_1(v, r) \\ \dfrac{\mathrm{d}r}{\mathrm{d}t} = f_2(v, r) \end{cases} \tag{3.10}$$

根据由操控或外界扰动可能达到的最大值，设定一系列初始脉冲扰动值 $[v_{(t_0)}, r_{(t_0)}]$，代入式（3.10）计算下一时刻的 $[v_{(t_j)}, r_{(t_j)}]$：

$$\frac{\mathrm{d}v_{(t_j)}}{\mathrm{d}r_{(t_j)}} = \frac{f_1[v_{(t_j)}, r_{(t_j)}]}{f_2[v_{(t_j)}, r_{(t_j)}]} \tag{3.11}$$

状态矢量 $v_{(t_j)}$-$r_{(t_j)}$ 的相平面轨迹走势图。

图3.11显示了某船在各种速度 u 下 v-r 的相平面。

根据相平面图中的奇点以及连接奇点之间的轨迹线可以获得动稳定性的稳定域空间。相平面图中的奇点对应该点邻域线性系统的特征根，不同奇点形式对应不同稳定性的特征根，根据奇点附近邻域轨迹的走向可确定对应的稳定与不稳定状态获得稳定域空间，如图3.12所示。

非线性系统的相空间稳定性分析法与线性系统的根轨迹稳定性分析法相对应。根轨迹分析法是根据连续改变状态矢量（如分别改变 u、v、r）时，对应的特征根在图3.12根平面中是否有向右半平面变化的趋势，当根达到根平面的虚轴时即为失稳的边界，由此可获得状态矢量的稳定域。

由图3.11可见，在阻力峰以下的16kn，相平面的原点是不稳定的鞍点，在外界扰动取消后 v-r 运动不能回到原点，只能到达不为零的稳定焦点，该船不具有"直航稳定性"。在越出阻力峰后的中高速 $u \geq 25$kn，在原点附近较大区域外界扰动取消后 v-r 运动均能回到原点，该船具有"直航稳定性"。在相平面图外围高能级区域，由一对不稳定鞍点与其发散轨线构成了稳定与不稳定

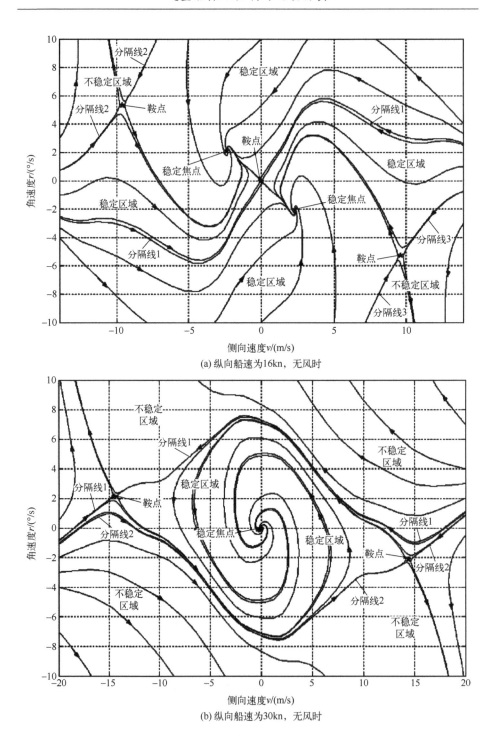

(a) 纵向船速为16kn,无风时

(b) 纵向船速为30kn,无风时

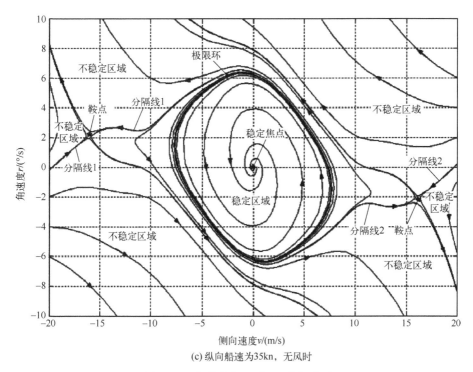

(c) 纵向船速为35kn，无风时

图3.11 各种速度 u 下 v-r 的相平面

的分隔线，该分隔形成的内部区域即表明船具有"回转稳定性"不甩尾失稳的动态稳定域。该稳定域随航速 u 的增加不断减小，在 $u=35$kn 的高速，该稳定域变为由内部收敛外部发散的半稳定极限环所确定。图3.13显示了由相平面图获得的该船在不同航速 u 与回转率 r 下"回转稳定性"的临界漂角 β 的曲线，在定 u 与 r 条件下 β 超过该临界漂角线就会"甩尾"失稳。航速30kn以4°/s回转或航速35kn以2°/s回转时，漂角 β 超过17°时就进入"甩尾"失稳区域。

为了获得各种航速下操纵运动不发生甩尾的航行安全稳定域，"回转稳定性"也可以用图3.14中 V-r-β 相空间稳定域表达，其中航速 V 为垂向坐标，r-β 为平面坐标，该稳定域是随 V 升高逐渐缩小的金字塔形空间域。航速越高不甩尾的动态稳定域越小。

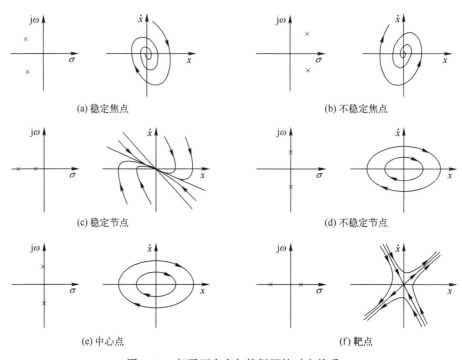

图 3.12 相平面奇点与特征根的对应关系

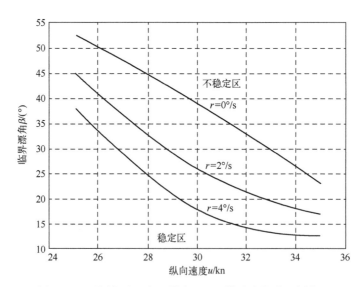

图 3.13 不同航速 u 与回转率 r 下回转稳定的临界漂角 β

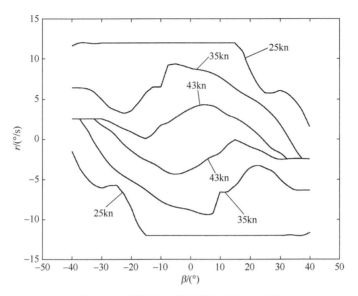

图 3.14 不同航速甩尾稳定性安全包络

第4章 航行横稳性

4.1 横稳性特征方程

在操纵性线性小扰动特征方程（3.1）中，设定航速 u，对于直航、斜航（侧滑）与回转时的横摇稳定性，可分别通过以下几个特征方程进行分析。

直航横稳性特征方程：

$$[I_x S^2 - K_{\dot\phi} S - (K_\phi + mgz_g)] \Delta\phi = 0 \tag{4.1}$$

斜航横稳性特征方程：

$$\begin{bmatrix} A_{11} & A_{12} \\ A_{21} & A_{22} \end{bmatrix} \begin{bmatrix} \Delta\phi \\ \Delta v \end{bmatrix} = 0 \tag{4.2}$$

式中：$A_{11} = I_x S^2 - K_{\dot\phi} S - (K_\phi + mgz_g)$；$A_{12} = -K_{\dot v} S - K_v$；$A_{21} = -Y_\phi$；$A_{22} = (m - Y_{\dot v}) S - Y_v$。

斜航横稳性分析需在满足直航稳定性前提下进行。

气垫船回转时都带有大漂角，因此定航速 u 的回转横稳性应在 $v\text{-}r\text{-}\phi$ 三自由度的特征方程中进行分析。

回转横稳性特征方程：

$$\begin{bmatrix} A_{11} & A_{12} & A_{13} \\ A_{21} & A_{22} & A_{23} \\ A_{31} & A_{32} & A_{33} \end{bmatrix} \begin{bmatrix} \Delta\phi \\ \Delta r \\ \Delta v \end{bmatrix} = 0 \tag{4.3}$$

式中：$A_{11} = I_x S^2 - K_{\dot\phi} S - (K_\phi + mgz_g)$；$A_{12} = -K_{\dot r} S - K_r$；$A_{13} = -K_{\dot v} S - K_v$；$A_{21} = -N_\phi$；$A_{22} = (I_z - N_{\dot r}) S - N_r$；$A_{23} = -N_{\dot v} S - N_v$；$A_{31} = -Y_\phi$；$A_{32} = -Y_{\dot r} S - (Y_r - mu_0)$；$A_{33} = (m - Y_{\dot v}) S - Y_v$。

该特征方程包含了 $[\Delta r \ \Delta v]^T$ 航向稳定性的特征子矩阵，子矩阵 $\begin{bmatrix} A_{22} & A_{23} \\ A_{32} & A_{33} \end{bmatrix}$ 即为方程（3.3）的特征矩阵，分析回转横稳性应在 $r\sim v$ 稳定域内进行。同时，该特征方程也包含了 $[\Delta\phi \ \Delta v]^T$ 斜航横稳性的特征子矩阵，子矩

阵 $\begin{bmatrix} A_{11} & A_{13} \\ A_{31} & A_{33} \end{bmatrix}$ 即为方程（4.2）的特征矩阵，分析回转横稳性时也需在 ϕ-v 稳定域内进行。因此，回转横稳性是一个包含回转稳定性与斜航横稳性在内的更大范畴稳定性的概念。

4.2 直航与斜航横稳性

4.2.1 直航横稳性

直航横稳性特征方程（4.1）中，K_ϕ 为左右气垫分割横摇稳性，mgz_g 为重心高产生的倾覆力矩，$K_{\dot\phi}$ 为左右气垫分割横摇阻尼。直航横稳性的判据为

$$\begin{cases} -K_{\dot\phi} > 0 \\ -(K_\phi + mgz_g) > 0 \end{cases} \quad (4.4)$$

$-K_\phi$ 与气垫的纵向分隔裙下飞高相关，飞高越大分割越差，稳性越小，它取决于对应航速下的兴波波形曲面。$-K_{\dot\phi}$ 正比于横摇运动产生的左右气垫体积变化率，与 $-K_\phi$ 相似也随纵隔裙下飞高而变化，飞高越大横摇阻尼也越小。在水池固定姿态斜拖试验获取 K_ϕ 等水动力系数的同时，同 V-β 状态通过自由横摇衰减试验获取 $K_{\dot\phi}$。由此，$\beta = 0$ 时直航静横稳性指数可表达为

$$G = -1 - \frac{K_\phi}{mgz_g} > 0 \quad (4.5)$$

图 4.1 所示为各航速直航横稳性的计算结果。由图可见，在 $F_n = 0.8$ 附

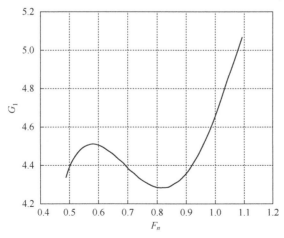

图 4.1 各航速直航横稳性指数

近,由于纵隔裙下飞高达最大而导致此时横稳性最低,其后随航速升高纵向兴波波长变大,分隔裙下兴波凹陷逐渐变小,横稳性一直增大,直至达到刚性表面横稳性值。

进行非线性直航横稳性分析时,上述判据系数应取 $\phi=(0\sim\pm3)°$ 的相应值。

4.2.2 斜航横稳性

斜航横稳性特征方程 (4.2) 行列式可以表示为特征多项式的形式,根据特征多项式的系数,运用胡尔威茨稳定性判别法分析斜航横稳性。方程 (4.2) 特征值方程变为特征多项式:

$$a_0 S^3 + a_1 S^2 + a_2 S + a_3 = 0$$

式中:

$$\begin{cases} a_0 = I_x(m - Y_{\dot{v}}) \\ a_1 = -[I_x Y_v + K_{\dot{\phi}}(m - Y_{\dot{v}})] \\ a_2 = K_{\dot{\phi}} Y_v - K_{\dot{v}} Y_{\dot{\phi}} - (m - Y_{\dot{v}})(K_\phi + mgz_g) \\ a_3 = (K_\phi + mgz_g) Y_v - K_v Y_\phi \end{cases} \quad (4.6)$$

由于 a_0 为惯性力乘积,永远大于零,因此胡尔威茨稳性判据为

$$a_1 > 0, \quad a_1 a_2 - a_3 > 0, \quad a_3 > 0 \quad (4.7)$$

式中: a_3 为耦合复原力项, $a_3 > 0$ 为斜航静横稳性判据。

由式 (4.6) 中 a_3 的表达式可见,斜航横稳性不能仅根据不同 $v(\beta)/\phi$ 的 K 力矩横稳性导数 K_ϕ 来判别,而必须考虑侧向力导数 Y_v、Y_ϕ 的耦合影响。因斜航横稳性实质上是横侧耦合横稳性,在 v/ϕ 两自由度强烈耦合情况下,必须按 $a_3 > 0$ 来判别其稳定性。

气垫船在侧滑斜航时,中低速时流体动力主要为兴波阻力,其不对称的三维兴波波形,不仅使船产生相应的纵横倾角,而且气垫内兴波波形凹陷对分隔稳性也产生了很大影响。图4.2显示了不同航速侧滑时横倾角与漂角关系。在没有外界横倾力矩条件下随漂角增大横倾角先是增大,在 $\beta=10°\sim20°$ 兴波阻力峰附近达最大值后即开始下降,随航速减小兴波增大,最大横倾角随之增大,船的航速向船呈"抬首"状态。在此平衡横倾角状态,船前倾与后倾的横倾恢复力矩由于侧部围裙触水阻力矩使前倾横稳性随前倾角增大下降很快。同时,对于航速与漂角影响,在低航速大漂角区域,特别是在横向傅汝德数 $F_{n_B} \approx 0.4$ 附近区域,兴波凹陷造成气垫分割稳性大幅下降,成为气垫船横侧失稳的危险区域。图4.3显示了约束船模低速侧滑时的横倾恢复力矩曲线。横

倾角大于零为前倾，由图 4.2 可见，在 $F_{n_B} \approx 0.4$ 的低速与大漂角区域，其斜率($-K_\phi$)均为零或负值。

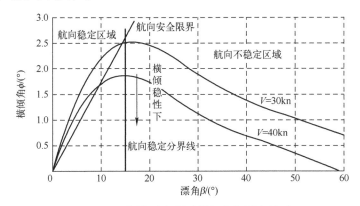

图 4.2 不同航速侧滑时横倾角与漂角关系

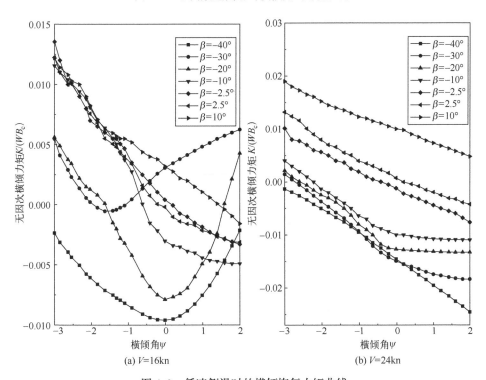

图 4.3 低速侧滑时的横倾恢复力矩曲线

图 4.4 显示了斜航时的横稳性稳定域非线性计算结果。图 4.4 可见，在阻力峰速以下的低速 15~20kn 漂角 20°~40° 范围内存在很大的不稳定区域，随

航速增高不稳定区域向小漂角偏移且不稳定区域也减小，即仅在较大横倾角时才失稳。上述结果表明，在不同航速斜航侧滑时，在其横倾角最大的阻力峰区域，这时兴波阻力与围裙触水阻力都很大，气垫船的斜航横稳性最差，尤其是在 $F_{n_B} \approx 0.4$ 附近的低速区域，兴波凹陷很易产生气垫失稳或围裙缩进失稳。

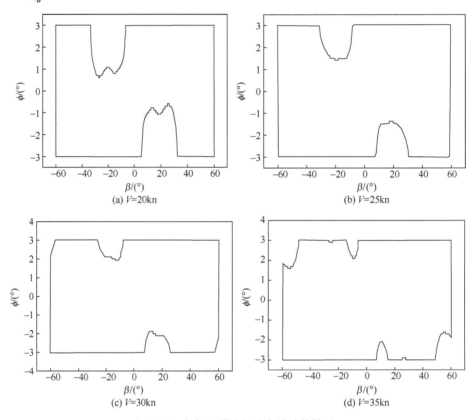

图 4.4　斜航时横稳性稳定域计算结果

对于非线性斜航横稳性分析，判据式（4.7）的有关系数应在图 4.2 不同 $u-v$ 时的稳态 ϕ_e 前倾或后倾 $\pm 3°$ 范围内取值。

4.3　回转横稳性

由包含漂角影响的回转横稳性特征方程（4.3），可以通过其特征行列式化为四阶特征多项式，运用胡尔威茨稳定性判据进行分析。由方程（4.3）特征行列式为零可获得

$$A_{11}A_{22}A_{33}-A_{11}A_{23}A_{32}-A_{13}A_{31}A_{22}-A_{12}A_{21}A_{33}+A_{12}A_{23}A_{31}+A_{13}A_{32}A_{21}=0 \quad (4.8)$$

由式（4.8）最终可获得回转横稳性的特征多项式为

$$a_0S^4+a_1S^3+a_2S^2+a_3S+a_4=0 \quad (4.9)$$

上述系数为特征方程（4.3）中相应的流体动力与惯性力系数的函数。由于a_0是三自由度惯性力系数的乘积永远大于零，因此对上述四阶方程胡尔威茨稳定性的判据为

$$a_1>0, \quad a_1a_2-a_3>0, \quad (a_1a_2-a_3)a_3-a_1^2a_4>0, \quad a_4>0 \quad (4.10)$$

式中：a_4为三自由度耦合复原力矩，$a_4>0$表明系统具有静稳性。

$$a_4=-(K_\phi+mgz_g)[Y_vN_r-N_v(Y_r-mu_0)]-K_r(N_vY_\phi-N_\phi Y_v)-K_v[(Y_r-mu_0)N_\phi-Y_\phi N_r]$$
$$(4.11)$$

式（4.11）中第一项为主复原力矩，后两项为耦合项。三项中为ϕ、r、v引起K力的系数分别与v-r、v-ϕ、r-ϕ引起的N与Y的回转横侧稳性系数的乘积，其中第一项$Y_vN_r-N_v(Y_r-mu_0)$即为回转稳定性式（3.4）的C判据，后两项分别为ϕ与v、r的耦合稳定系数。研究回转横稳性时，上述流体动力系数必须在回转稳定域内取值，即需在式（3.4）中$C>0$条件下取值。

a_4也可以表达为在斜航横稳性基础上的回转稳定性形式：

$$a_4=-N_r[(K_\phi+mgz_g)Y_v-K_vY_\phi]-N_v[K_rY_\phi-(K_\phi+mgz_g)(Y_r-mu_0)]-N_\phi[K_v(Y_r-mu_0)-K_rY_v] \quad (4.12)$$

这是一个以r、v、ϕ引起的N力的系数分别与ϕ-v、ϕ-r、v-r引起的K与Y的横侧回转稳性系数的乘积，其中第一项为主复原力矩，后两项为耦合项。第一项中$(K_\phi+mgz_g)Y_v-K_vY_\phi$即为斜航横稳性式（4.6）中的$a_3$判据，$a_3>0$即具有斜航横稳性。回转横稳性必须在斜航横稳性稳定域内取值分析。

根据上述分析，回转横稳性是一个包含回转稳定性与斜航横稳性在内的更大范畴稳定性概念。图4.5显示了在最大横风风速17m/s条件下，不同航速与回转率时的横稳性非线性仿真计算结果，由图可见，只有V在15kn时低速横倾是不稳定的，这与斜航横稳性相类似，主要由这时气垫兴波产生的凹陷使分隔稳性变差引起。该结果显示回转角速度对横稳性影响不大，这是因为回转角速度r相对线速度u/v对兴波的影响较小。

为分析气垫船在侧滑回转时大范围状态空间内的稳定性，包括航向稳定性与横侧稳定性，可在操纵性微分方程（2.3）中，设定纵向航速 u 为参变量，进行 v-r-ϕ 三维状态变量的相空间分析。由操纵性微分方程（2.3）不计操控力可获得三维状态方程：

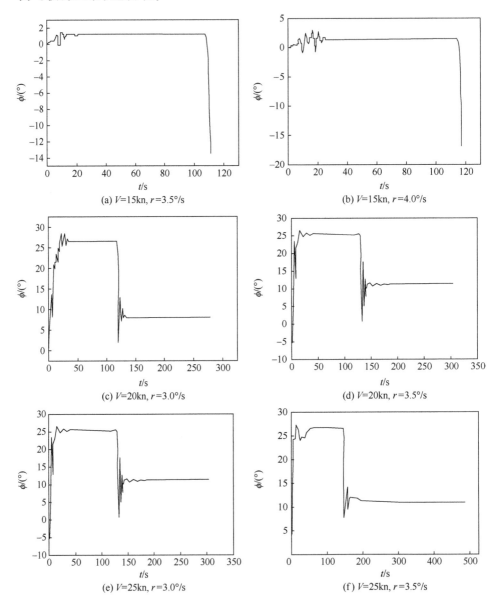

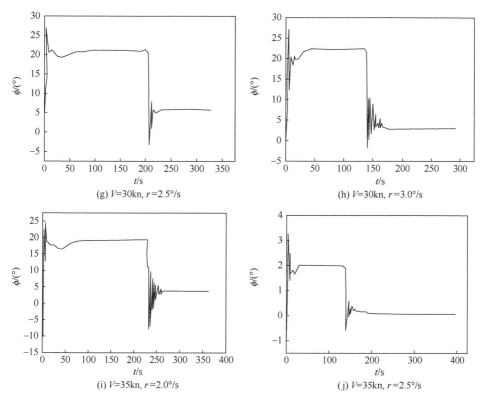

图 4.5 稳定回转时横稳性仿真计算结果

$$\begin{cases} \dfrac{\mathrm{d}v}{\mathrm{d}t} = f_1(v,r,\phi) \\ \dfrac{\mathrm{d}r}{\mathrm{d}t} = f_2(v,r,\phi) \\ \dfrac{\mathrm{d}P}{\mathrm{d}t} = f_3(v,r,\phi) \\ \dfrac{\mathrm{d}\phi}{\mathrm{d}t} = P \end{cases} \qquad (4.13)$$

根据由操控或外界风浪干扰可能达到的最大值,设定一系列初始脉冲扰动值 $[v_{(t_0)}, r_{(t_0)}, \phi_{(t_0)}]$ 代入式(4.13)中进行积分,计算下一时刻的 $[v_{(t_j)}, r_{(t_j)}, P_{(t_j)}, \phi_{(t_j)}]$,根据 t_j 的时间序列,可以做出 v-r-ϕ 三维状态变量的相空间轨迹。为了分析航向稳定性与横侧稳定性,可分别将相空间轨迹投映到 v-r 平面、v-ϕ 平面与 r-ϕ 平面,进行相平面的奇点与轨线走势稳定域分析:

$$\frac{\mathrm{d}v_{(t_j)}}{\mathrm{d}r_{(t_j)}} = \frac{f_1[v_{(t_j)}, r_{(t_j)}, \phi_{(t_j)}]}{f_2[v_{(t_j)}, r_{(t_j)}, \phi_{(t_j)}]} \quad (v - r \text{ 平面})$$

$$\frac{\mathrm{d}v_{(t_j)}}{\mathrm{d}\phi_{(t_j)}} = \frac{f_1[v_{(t_j)}, r_{(t_j)}, \phi_{(t_j)}]}{\int_{t_{j-1}}^{t_{j+1}} f_3[v_{(t_j)}, r_{(t_j)}, \phi_{(t_j)}] \mathrm{d}t} \quad (v - \phi \text{ 平面}) \quad (4.14)$$

$$\frac{\mathrm{d}r_{(t_j)}}{\mathrm{d}\phi_{(t_j)}} = \frac{f_2[v_{(t_j)}, r_{(t_j)}, \phi_{(t_j)}]}{\int_{t_{j-1}}^{t_{j+1}} f_3[v_{(t_j)}, r_{(t_j)}, \phi_{(t_j)}] \mathrm{d}t} \quad (r - \phi \text{ 平面})$$

气垫船操纵运动是 v-r-ϕ 三自由度的非线性耦合运动，为了分析其在大范围内的稳定域，基于李亚普诺夫稳定性理论的相空间分析法提供了一个有效的方法。前面所述的相平面法是基于 $\phi=0$ 的 v-r 两自由度耦合运动的稳定性分析，由于操纵运动与横摇 ϕ 是密切耦合的，这给稳定性分析带来了误差。为进行 v-r-ϕ 三自由度非线性相空间分析，应在四自由度操纵运动方程中，设定纵向航速 u，根据可能运行的最大漂角 β 与回转率设定初始 v-r，初始 $\phi=0$，代入运动方程获取 v-r-ϕ 三自由度的流体动力，然后实时积分求得下一时刻的 v-r-ϕ，由此可做出三自由度的相空间轨迹。为了分析操纵平面运动的稳定性，将 v-r-ϕ 相空间轨迹投影到 v-r 平面，根据其奇点与分隔线的分析，可获取稳定域的 v-r 范围。这里与相平面分析法不同的是，在 v-r 平面内每点的 ϕ 都是不同的。为了分析回转时的横稳性，将 v-r-ϕ 相空间轨迹投影到 r-ϕ 平面，以获取回转横稳性的 r-ϕ 稳定域。外界风速风向对气垫船的操纵运动影响很大，在相空间分析中应计入其影响。在四自由度方程计算中，针对外界风速风向 V_w/ψ_w，设定初始 $\psi=0$，在上述稳定性分析计算中，对回转率 r 再进行积分以获取实时 ψ，根据 $u,v/\psi$ 与 V_w/ψ_w 求得船的相对风速与漂角，以获得气动力。在以泰勒展开表达的横摇运动方程中，斜航时的横稳性由斜摇试验获得 $K(u,v,\phi)$，而 $K(\dot{\phi})$ 阻尼项是零速横摇试验数据，不能反映斜航时的横摇阻尼。由于斜航时的兴波波形对横稳性影响很大，基于横摇时体积变化率产生的流量压头变化与横倾时飞高变化产生的流量压头变化，兴波波形对它们有类似影响，气垫分隔裙下凹陷越大，稳性与阻尼越差。因此，可根据理论定性分析结合斜摇横向稳性试验对横摇阻尼进行修正，以提高横摇动稳性的计算精度。

第 5 章　回转特性与操纵面

5.1　回转特性方程

根据非线性操纵性运动方程（2.3），以纵向速度 u 为参变量，只考虑 v-r 两自由度在操纵面作用下的运动，在平衡点附近线性化后可获操纵面 $\Delta\delta$ 产生的操纵运动 Δv 与 Δr 耦合方程：

$$\begin{bmatrix} A_{11} & A_{12} \\ A_{21} & A_{22} \end{bmatrix} \begin{bmatrix} \Delta v \\ \Delta r \end{bmatrix} = \begin{bmatrix} Y_\delta \\ N_\delta \end{bmatrix} \Delta\delta \tag{5.1}$$

式中：$A_{11}=(m-Y_{\dot v})s-Y_v$；$A_{12}=-Y_{\dot r}s+(mu_0-Y_r)$；$A_{21}=-N_{\dot v}s-N_v$；$A_{22}=(I_z-N_{\dot r})s-N_r$。

为便于分析，可将方程（5.1）解耦，分别获得回转运动 Δr 或侧滑运动 Δv 与操纵面 $\Delta\delta$ 的回转特性独立方程（二阶线性 K-T 方程）：

$$\begin{cases} T_1 T_2 \Delta\ddot{r} + (T_1+T_2)\Delta\dot{r} + \Delta r = K_1 T_{31} \Delta\dot{\delta} + K_1 \Delta\delta \\ T_1 T_2 \Delta\ddot{v} + (T_1+T_2)\Delta\dot{v} + \Delta v = K_2 T_{32} \Delta\dot{\delta} + K_2 \Delta\delta \end{cases} \tag{5.2}$$

式中：

$$T_1 T_2 = \frac{(m-Y_{\dot v})(I_z-N_{\dot r})-Y_{\dot r}N_{\dot v}}{Y_v N_r + N_v(mu_0-Y_r)} = \frac{A}{C};$$

$$T_1+T_2 = \frac{-Y_v(I_z-N_{\dot r})-Y_{\dot r}N_v-N_r(m-Y_{\dot v})+N_{\dot v}(mu_0-Y_r)}{Y_v N_r + N_v(mu_0-Y_r)} = \frac{B}{C};$$

$$T_{31} = \frac{N_{\dot v} Y_\delta + (m-Y_{\dot v})N_\delta}{N_v Y_\delta - Y_v N_\delta} = \frac{D_1}{E_1};$$

$$K_1 = \frac{N_v Y_\delta - Y_v N_\delta}{Y_v N_r + N_v(mu_0-Y_r)} = \frac{E_1}{C};$$

$$T_{32} = -\frac{(I_z-N_{\dot r})Y_\delta + Y_{\dot r}N_\delta}{N_r Y_\delta + (mu_0-Y_r)N_\delta} = \frac{D_2}{E_2};$$

$$K_2 = -\frac{N_r Y_\delta + (mu_0-Y_r)N_\delta}{Y_v N_r + N_v(mu_0-Y_r)} = \frac{E_2}{C} \circ$$

对于常规船，水动力主要为黏性力，长宽比大，回转时产生的侧向阻力很大，一般由此引起的侧滑运动 Δv 都很小，因此可不考虑第二方程。对于气垫船，水动力以兴波力为主，长宽比远小于常规船，回转时侧向阻力较小，因此引起的漂角 β 在回转中可能很大，必须要计及第二方程。参见方程（3.4）与方程（3.6），可获得时间常数 T_1、T_2 与特征根 σ_1、σ_2 的关系：

$$T_1 = -\frac{1}{\sigma_1}, \quad T_2 = -\frac{1}{\sigma_2} \tag{5.3}$$

由此可得：

$$T_1 = \frac{1}{2}\left[\frac{B}{C} + \sqrt{\left(\frac{B}{C}\right)^2 - 4\left(\frac{A}{C}\right)}\right], \quad T_2 = \frac{1}{2}\left[\frac{B}{C} - \sqrt{\left(\frac{B}{C}\right)^2 - 4\left(\frac{A}{C}\right)}\right] \tag{5.4}$$

这两个时间常数表征了回转过程时间的长短，T 实际上是船惯性力与流体阻尼力之比，该值越小过渡过程越短，船越易进入定常稳定回转。由方程（5.4）得 $T_1 + T_2 = \frac{B}{C}$，它与直航稳定性指数 C 成反比，同一纵向航速，直航稳定性越好，该值越小，船进入稳定回转的时间越短，即应舵跟从性也越好。但该值还取决于与惯性力正相关的参数 B，航速越高，惯性力越大，该值也越大，应舵跟从性就越差。

T_{31} 与 T_{32} 分别为 Δr 与 Δv 的应舵时间常数，该值越大，应舵响应越快，越易进入定常回转。K_1 与 K_2 分别为舵转首力矩与船阻尼力矩比及舵侧向力与船侧向阻尼力之比，K 值越大表示在定常回转时单位舵角产生的 r 或 v 越大，表征了船定常回转的性能。K 与直航稳定性指数 C 成反比，航速越高，直航稳定性越好，C 越大，单位舵角产生的回转率与漂角越小，回转直径也越大。回转性能与直航稳定性是相互矛盾的。

图 5.1 显示了根据非线性操纵运动方程对不同初始航速无风定舵角回转特征的计算结果。由图 5.1 可见，初始航速越大，进入定常回转的过渡时间越长，这主要是因为惯性力大导致 $T_1 + T_2$ 增大（方程（3.4）中的 B 项）。由于失速后的回转航速基本一致，因此定常回转的回转率、漂角与横倾角基本一致。

图 5.2 是对无风状态同一航速不同舵角回转特征的计算结果，由图可见，舵角越大，进入定常回转的时间越短，定常回转时的回转率、漂角与横倾角也越大。其过渡时间短主要是因为应舵时间常数 T_{31} 与 T_{32} 的影响。

由式（5.2）中 Δr 与 Δv 的二阶线性 K-T 方程，通过拉普拉斯变换方法，

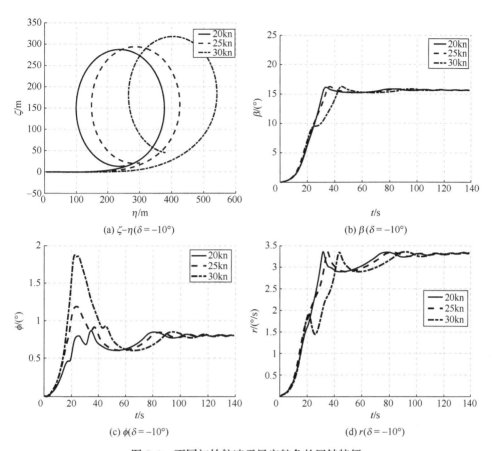

图 5.1 不同初始航速无风定舵角的回转特征

可直接获得 Δr 与 Δv 的频域解。式（5.2）的频域解如下：

$$\begin{cases} \dfrac{\Delta r(s)}{\Delta \delta(s)} = \dfrac{K_1(T_{31}S+1)}{T_1T_2S^2+(T_1+T_2)S+1} \\ \dfrac{\Delta v(s)}{\Delta \delta(s)} = \dfrac{K_2(T_{32}S+1)}{T_1T_2S^2+(T_1+T_2)S+1} \end{cases} \tag{5.5}$$

对于舵角 δ 的单位阶跃输入：$\Delta \delta(s) = \dfrac{1}{s} \cdot \delta$。

则 $r(s)$ 与 $v(s)$ 从零点开始的时域解由反拉氏变换获得[6]：

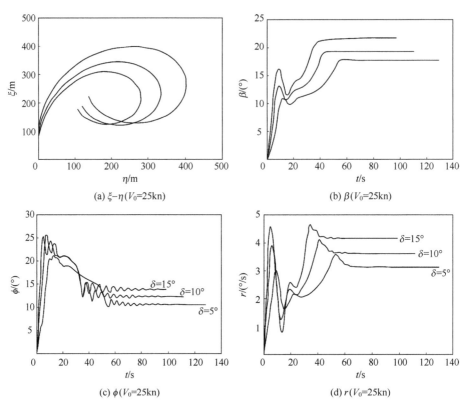

图 5.2 无风定航速不同舵角下的回转特性

$$\begin{cases} r(t) = L^{-1}\left\{\dfrac{K_1 T_{31}}{T_1 \cdot T_2} \cdot \dfrac{S+\dfrac{1}{T_{31}}}{S\left(S+\dfrac{1}{T_1}\right)\left(S+\dfrac{1}{T_2}\right)}\right\}\delta \\ v(t) = L^{-1}\left\{\dfrac{K_2 T_{32}}{T_1 \cdot T_2} \cdot \dfrac{S+\dfrac{1}{T_{32}}}{S\left(S+\dfrac{1}{T_1}\right)\left(S+\dfrac{1}{T_2}\right)}\right\}\delta \end{cases} \quad (5.6)$$

设 $A_1 = \dfrac{K_1 T_{31}}{T_1 \cdot T_2}$,$A_2 = \dfrac{K_2 T_{32}}{T_1 \cdot T_2}$,$a = \dfrac{1}{T_1}$,$b = \dfrac{1}{T_2}$,$c_1 = \dfrac{1}{T_{31}}$,$c_2 = \dfrac{1}{T_{32}}$。根据 $\dfrac{1}{(S+a)(S+b)} = \dfrac{1}{b-a}\left(\dfrac{1}{S+a} - \dfrac{1}{S+b}\right)$,$\dfrac{1}{S(S+a)} = \dfrac{1}{a}\left(\dfrac{1}{S} - \dfrac{1}{S+a}\right)$ 及 $\dfrac{1}{S(S+b)} =$

$\frac{1}{b}\left(\frac{1}{S}-\frac{1}{S+b}\right)$，对应 $\frac{1}{S}$、$\frac{1}{S+a}$ 与 $\frac{1}{S+b}$ 的反拉氏变换分别为 $1(t)$、e^{-at} 与 e^{-bt}。

对于 $B^2-4AC>0$ 或 $T_1-T_2>0$ 的过阻尼系统，由式（5.5）频域解最终可获得 $r(t)$ 与 $v(t)$ 的时域解如下：

$$\begin{cases} r(t)=K_1\left\{1+\dfrac{T_{31}}{T_1-T_2}\left[\left(1-\dfrac{T_1}{T_{31}}\right)\mathrm{e}^{-\frac{t}{T_1}}-\left(1-\dfrac{T_2}{T_{31}}\right)\mathrm{e}^{-\frac{t}{T_2}}\right]\right\}\delta \\ v(t)=K_2\left\{1+\dfrac{T_{32}}{T_1-T_2}\left[\left(1-\dfrac{T_1}{T_{32}}\right)\mathrm{e}^{-\frac{t}{T_1}}-\left(1-\dfrac{T_2}{T_{32}}\right)\mathrm{e}^{-\frac{t}{T_2}}\right]\right\}\delta \end{cases} \quad (5.7)$$

对于 $B^2-4AC=0$ 或 $T_1-T_2=0$ 的临界阻尼系统，根据 $\dfrac{1}{(S+a)^2}$ 的反拉氏变换为 $t\cdot\mathrm{e}^{-at}$，可获得相应的 $r(t)$ 与 $v(t)$ 的时域解如下：

$$\begin{cases} r(t)=K_1\left\{1+\left[\left(\dfrac{T_{31}}{T_1}-1\right)\dfrac{t}{T_1}-1\right]\mathrm{e}^{-\frac{t}{T_1}}\right\}\delta \\ v(t)=K_2\left\{1+\left[\left(\dfrac{T_{32}}{T_1}-1\right)\dfrac{t}{T_1}-1\right]\mathrm{e}^{-\frac{t}{T_1}}\right\}\delta \end{cases} \quad (5.8)$$

稳定的操纵运动一般不存在 $B^2-4AC<0$ 的欠阻尼系统，由式（5.4）可知，欠阻尼系统其特征根不再是实根而为复根，使系统具有振荡特性。其时域解在 t 趋向于 ∞ 的过程中不为常值，而是幅值不断减小的波动值，最终在 $t=\infty$ 才趋于常值。从严格意义上讲，该系统仍然是稳定的，但在实际情况下，这种状态很容易在外界扰动下转向不稳定而发散。

由二阶线性 K-T 方程（5.2）可获得二阶系统的阻尼率 $\xi=\sqrt{B^2/4AC}$，因此对应 $B^2-4AC>0$ 即 $\xi>1$ 的过阻尼系统，阶跃舵扰动输入后缓慢收敛于稳态回转。$B^2-4AC=0$ 即 $\xi=1$ 为临界阻尼系统，阶跃扰动后无超调较快地趋于稳定回转。$B^2-4AC<0$ 即 $\xi<1$ 为欠阻尼系统，阶跃扰动后快速超调并不断振荡地趋于稳定回转。图 5.3 显示了典型二阶系统的阶跃响应曲线。

气垫船在打舵过程中，如图 5.1、图 5.2 所示，初期 $r(t)$ 与 $v(t)$ 的斜率变化均比较大，实际上由于式（5.7）和式（5.8）是带有超前环节 $(T\cdot S+1)$ 的非典型二阶系统阶跃响应时域解，因此与图 5.3 相比响应过程不完全一样。应舵响应时间常数 T_{31} 与 T_{32} 越大，超前环节导致 r 与 v 的应舵响应也越快。

在定航速 u 的情况下，漂角的时域解为

$$\beta(t)=\arctan\frac{v(t)}{u} \quad (5.9)$$

为了比较不同船型的操纵性能，可将 K-T 指数表达成无因次化形式，即

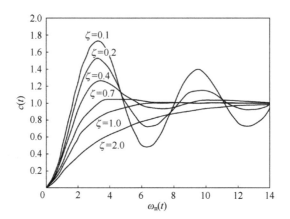

图 5.3 典型二阶系统的阶跃响应曲线

$$K_1' = K_1 \cdot \frac{L_c}{V_0}, \quad T' = T \cdot \frac{V_0}{L_c} \tag{5.10}$$

式中：V_0 为回转航速；L_c 为气垫长。

定常回转时的无因次回转率为

$$r' = r\sqrt{\frac{L}{g}} = K_1' \cdot F_n \cdot \delta \tag{5.11}$$

图 5.4 是对无风状态定桨距差回转特性的计算结果，分别对于初始航速 25kn、30kn，采用相当舵角 $\delta = -10°$ 的桨距差。计算结果表明，由于在式（5.2）中相应的 $Y_\delta = 0$，即桨距差没有舵角产生的外向侧向力，因此定桨距差回转比相当舵角的回转外漂角 β 要小、回转率要大。

如采用同样回转力矩当量舵角的艏部矢量喷管进行回转，回转特性会比桨距差有更进一步改进，因艏喷管的 Y_δ 与艉舵反向，即艏喷管回转时产生的内向侧向力对回转更为有利，可以更小漂角实现有效回转。

风速、风向对气垫船的操纵运动与稳定性有很大的影响。风速 V_w 和风向角 ψ_w 相对艏向角 ψ 形成了风动漂角 β_w，与船动漂角 β 合成后的总气动漂角 β_a 产生了相应的气动侧向力与回转力矩，它们是 ψ、v 的函数（u 为参变量）。V_a 与 β_a 的表达式如下：

$$V_a = \sqrt{u_a^2 + v_a^2}, \quad \beta_a = \arctan\frac{v_a}{u_a} \tag{5.12}$$

式中：

$$\begin{cases} u_a = u - V_w\cos(\psi - \psi_w), & V_w \text{ 为风速} \\ v_a = v - V_w\sin(\psi - \psi_w), & \psi_w \text{ 为风向角} \end{cases}$$

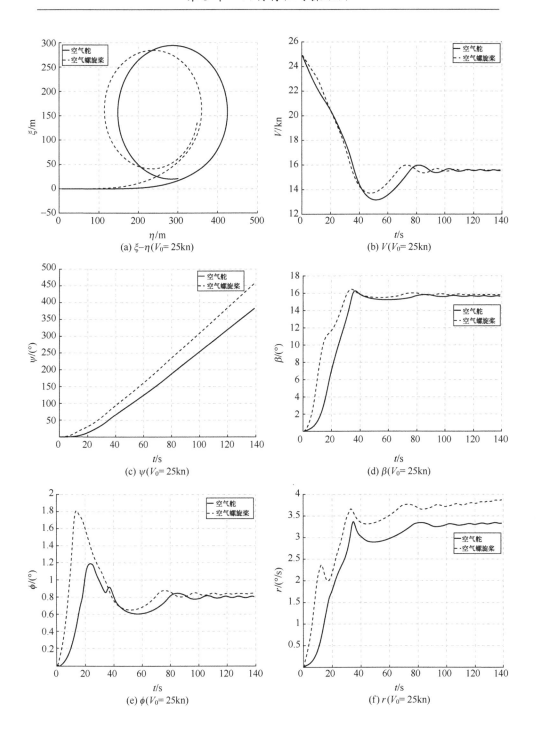

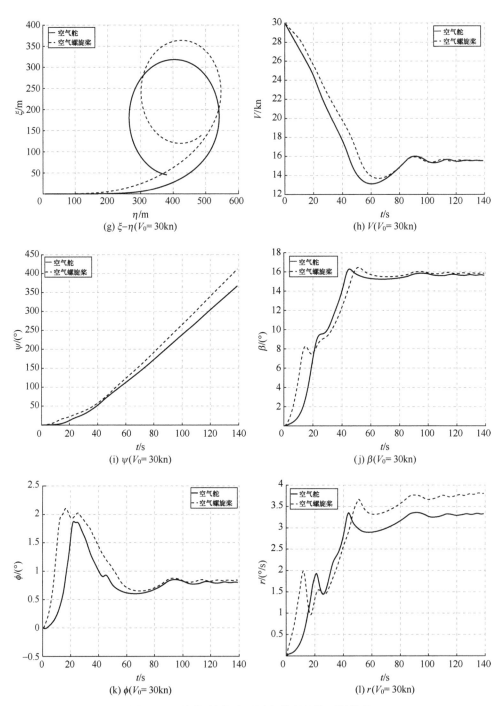

图 5.4 不同初始航速无风定桨距差的回转特性

在原先的四自由度操纵运动状态方程基础上,需增加一个 $\dot{\psi}=r$ 的状态方程进行联立求解。回转时 ψ 的改变产生的风力改变会对其他 4 个状态变量产生影响,因此有风状态下气垫船不能做到定常回转。顺风回转时,由于风速增加了额外的外向侧向力与外倾力矩、向心阻力的减小,以及由外倾触水产生的回转阻力矩的减小,都使顺风回转 r 与 β 减小、性能变差,风速大时甚至很难回转。然而,当转到侧风与逆风时,状态就急速反向变化,快达逆风时 r 与 β 迅速增大,风速大时甚至可能达到甩尾的失稳区。图 5.5 显示了某船在 30kn 航速下、分别在 5m/s 和 10m/s 风速不同风向角下的回转轨迹计算结果。由图可见,在 10m/s 风速下顺风回转已非常困难,而在逆风条件下则迅速进入回转圈。

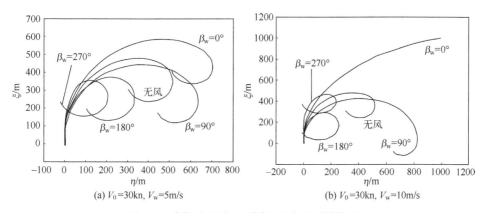

图 5.5 定航速风速、不同风向角的回转轨迹

5.2 多操纵面优化组合操控

气垫船的操纵面包括左右桨距和、左右桨距差、艉空气舵与艏矢量喷管。控制航速主要采用桨距和,艏喷管对航速也有一定影响。控制航向与回转需同时考虑回转力矩与侧向力的影响,桨距差仅提供回转力矩无侧向力,空气舵与艏喷管在提供回转力矩同时还分别提供离心力与向心力,同向组合可用于快速回转,反向组合可用于抗大侧漂。根据可控性分析,一般情况仅用艏喷管进行抗侧漂,艉空气舵与桨距差用于回转转向。由于低速段可用桨距差大而空气舵效差,高速段则相反,因此桨距差主要用于中、低速回转,空气舵则主要用于中、高速回转,高速回转时空气舵只能使用"点舵"操作。正常航行情况下艏喷管的操控都在 0°~90° 正推力范围内,但在低速或极低速冲退滩或进出母

船操控时，艉喷管应在 90°~180°负推力范围内操控，结合桨距差在控制航速的同时，可获得较佳的低速机动性能或定位功能。

根据气垫船的操控特点，气垫船操控屏显的设计除了常规的艏向角 ψ 与回转率 r 的指针显示，必须增加航向角 ψ_v 的指针，明确实际航向经纬度与漂角 β。由于漂角 β 与航向动稳定性密切相关，这个显示很重要。图 5.6 为包含气垫船横向与垂向运动信息以及操控面信息的驾控系统全息操控参数屏显示意图。

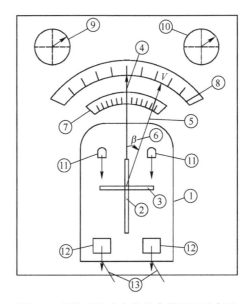

图 5.6　驾控系统全息操控参数屏显示意图

气垫船操控面较多，除了上述 4 个平面运动操控面，还有左右两个垫升转速的垂向操控面，因此操控系统必须要根据人因工程与操控面特性设计多操控面优化组合操控装置。图 5.7 为多操纵面联动操器与自控参数设定器的示意图。驾驶员座椅左侧为垫升转速手柄与桨距和手柄（含航速设定），右侧为艉喷管、空气舵与桨距差联动摇杆（含航向/回转率设定）。根据文献［8］，如图 5.8 所示，联动摇杆左/右侧操控为向左/右回转，向前推以艉喷管为主，向后拉以空气舵/桨距差为主，空气舵与桨距差之间分配由航速或桨距和决定，左右镜面对称操控。低速时摇杆推向前方艉喷管为负推力，左右操杆用桨距差配合进行左右操控。中高速时摇杆拉向中后方左右操控，艉喷管与艉空气舵/桨距差联合操控，艉喷管为正推力，摇杆越往后，艉操纵面空气舵/桨距差占比越大。在自动驾控模式时，桨距和手柄为航速设定器，联动摇杆为航向角与回转率设定器。上述多操纵面联动摇杆的功能也可由驾驶椅前方的联动手轮来实现[9]。前后推动手轮设定桨距和，左右转动设定艉喷管角与艉舵角/桨距差，前后操纵面的分配则通过后压手轮（纵向转动手轮）来实现，后压手轮时以艉空气舵/桨距差为主，放松时则以艉喷管为主。该联动手轮也可实现自动驾控时航向角/回转率的设定。

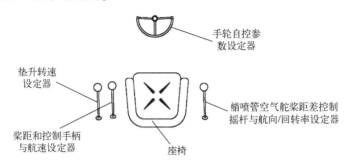

图 5.7 多操纵面联动操控器与自控参数设定器

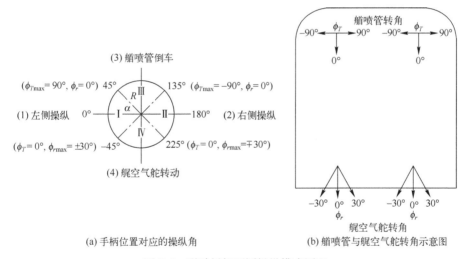

(a) 手柄位置对应的操纵角　　(b) 艉喷管与艉空气舵转角示意图

图 5.8 联动摇杆不同操纵模式原理

5.3 操纵面力学特性

5.3.1 空气舵

气垫船导管桨后喷速远高于船速，桨后空气舵是气垫船主要的操纵面。一般在每个导管桨后设置两个舵叶,全船左右舷共 4 个舵叶,最大舵角一般在 25°~30°。图 5.9 显示了气垫船艉部导管桨后的空气舵叶布置。

图 5.9 导管桨后空气舵叶布置

舵叶的翼型一般采用 NACA 系列,翼型升力与阻力系数由试验或图谱获得,其与舵角 δ 的关系可表示为

$$\begin{cases} c_{rx}=0.0096+0.0116|\delta|+0.000333\delta^2 \\ c_{ry}=0.063\delta \end{cases} \quad (5.13)$$

舵的来流速度 v_r 与空速 V_a、漂角 β_a 及螺旋桨推力 T_p 有关:

$$v_r = V_a\cos\beta_a + \sqrt{T_p/\rho_a S_d} \quad (5.14)$$

式中:S_d 为导管面积。

舵上的动压力:

$$P_r = \frac{1}{2}\rho_a v_r^2 \quad (5.15)$$

舵力中心至舵轴距离:

$$\begin{cases} l_r = a - b \cdot c_p \\ c_p = 0.158|\delta| \end{cases} \quad (5.16)$$

式中:a 为舵前缘至舵轴距离;b 为舵舷长。

空气舵的各向操控力可表示为

纵向力：$X_\delta = -c_{rx} \cdot S_r \sum_{i=1}^{4} P_{ri}$

横向力：$Y_\delta = c_{ry} \cdot S_r \sum_{i=1}^{4} P_{ri}$ (5.17)

回转力矩：$N_\delta = Y_\delta(x_r + l_r\cos\delta) + c_{rx} \cdot S_r \cdot \sum_{i=1}^{4}(y_{ri} + l_{ri}\sin\delta)P_{ri}$

横倾力矩：$K_\delta = -Y_\delta \cdot z_r$

式中：S_r 为舵面积；x_r、y_r、z_r 为舵轴中点距重心的三向坐标。

5.3.2 矢量喷管

艉部矢量喷管不同于艉部空气舵，回转时在提供回转力矩同时可提供向内侧向力（向心力），对气垫船是很有利的操纵面。喷管供气可以是独立风机，也可以如 LCAC 那样采用与垫升共用的双出口蜗壳风机。由图 5.10 可知，对于由独立风机供气的矢量喷管推力：

$$\begin{cases} T_j = \rho_a \cdot Q_j(V_j - V) \\ V = V_a \cos(\alpha - \beta_a) \end{cases}$$ (5.18)

式中：Q_j、V_j 为喷管流量与喷速；α 为喷管转角；V_a、β_a 分别为空速与气动漂角。

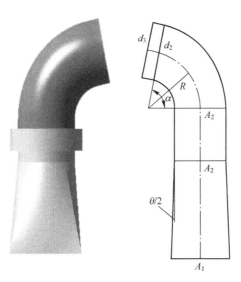

图 5.10 独立风机供气的艉部矢量喷管

对于独立风机供气艏喷管，风机出口到喷管出口，经由三部分阻力损失后由风扇总压降至喷管出口动压：

$$\begin{cases} P_f = A + BQ_f + CQ_f^2 = \dfrac{1}{2}\rho_a V_j^2 (1+\xi) \\ \xi = (\xi_1 + \xi_2)\left(\dfrac{d_3}{d_2}\right)^2 + \xi_3 \end{cases} \quad (5.19)$$

式中：风机出口方转圆渐缩管阻力系数为

$$\xi_1 = \xi\left(\dfrac{1}{\varepsilon} - 1\right)^2 + \dfrac{\lambda}{8\tan\dfrac{\theta}{2}}\left(1 - \dfrac{A_2}{A_1}\right)$$

中部弯折管阻力系数为

$$\xi_2 = 0.008\dfrac{\alpha^{0.75}}{n^{0.6}}$$

α 为不大于 90°的弯折角；$n = R/d_2$ 为弯折管中心曲率/直径比。
出口收缩管阻力系数为

$$\xi_3 = 1.05\left(\dfrac{d_2}{d_3}\right)^2 - 1$$

表 5.1 与表 5.2 显示了 θ 与 ξ 以及 A_2/A_1 与 ε 的关系（$\lambda \approx 0.03$）。

表 5.1　θ 与 ξ 的关系

θ	10	20	30	40	60	80	100
ξ	0.40	0.20	0.22	0.20	0.20	0.30	0.40

表 5.2　A_2/A_1 与 ε 的关系

A_2/A_1	0.1	0.2	0.3	0.4	0.5	0.6	0.7	0.8	0.9
ε	0.612	0.616	0.622	0.633	0.644	0.662	0.667	0.722	0.781

根据式（5.19）可获得喷管出口流量与流速：

$$Q_j = Q_f = \dfrac{-B + \sqrt{B^2 - 4A(C-D)}}{2(C-D)} \quad (5.20)$$

式中：$D = \dfrac{\rho_a}{2}(1+\xi)\bigg/\left(\dfrac{\pi}{4}d_3^2\right)^2$；$V_j = Q_j\bigg/\dfrac{\pi}{4}d_3^2$。

双喷管联动操控时艏部矢量喷管产生的各向操控力为

$$\begin{cases} X_j = \sum_{i=1}^{2} T_{ji}\cos\alpha_i (\text{纵向力}) \\ Y_j = \sum_{i=1}^{2} T_{ji}\sin\alpha_i (\text{横向力}) \\ N_j = Y_j \cdot l_j (\text{回转力矩}) \\ K_j = Y_j \cdot z_j (\text{横倾力矩}) \end{cases} \quad (5.21)$$

式中：l_j 为喷管中心对重心纵距；z_j 为喷管中心对重心垂距。

图 5.11 显示了在芬兰 T-2000 气垫船上采用的与垫升共用风机的低出口艏部矢量喷管。该喷管置于垫升风机上部，采用一排不同弯曲率、不同宽度的可旋转导流格栅来代替弯曲喷管。由于该导流格栅可使喷管内外弯径比（R_a/R_b）从常规的 0.09 提高到 0.22，弯曲率半径比（R/W）从 0.73 提高到 0.85，从而可明显减小弯曲损失系数，提高喷管效率。不同弯曲难易度的喷管型式如图 5.12 所示。

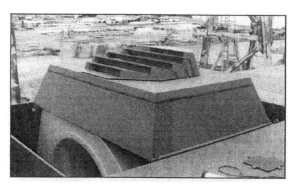

图 5.11　T-2000 气垫船的低出口矢量喷管

由于 T-2000 的低出口矢量喷管与垫升供气采用同一风机，进入喷管的是风机静压，尽管喷管自身气动效率提高了，但由风机静压转换成喷管动压后，结合风机的总体效率并不太高。对于独立风机供气的矢量喷管，喷管气动效率 η_j 与单位马力推力 $\dfrac{T_j}{N}$ 为

$$\begin{cases} \eta_j = \dfrac{\frac{1}{2}\rho_a V_j^2}{P_f} = \dfrac{1}{1+\xi} \\ \dfrac{T_j}{N} = \dfrac{\rho_a Q_j V_j}{P_f Q_j / \eta_f} = \left[\dfrac{2\rho_a}{(1+\xi)P_f}\right]^{\frac{1}{2}} \eta_f \end{cases} \quad (5.22)$$

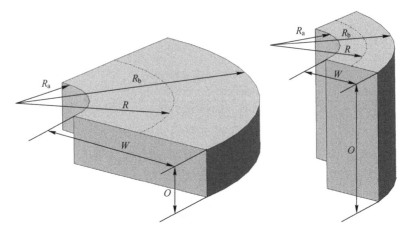

图 5.12　不同弯曲难易度的喷管型式

为进一步优化同时供矢量喷管与气垫的双出口垫升风机的总体效率,美国 SSC 船发展了准椭圆出口矢量喷管型式,如图 5.13 所示。

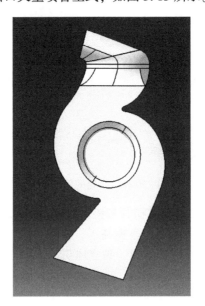

图 5.13　双出口垫升风机椭圆出口矢量喷管

风机上出口到喷管椭圆形出口由两部分型线组成,即由方形收缩转圆形的喷管转动基座与由圆形收缩转椭圆形的弯曲喷管。为使喷管的流体阻力损失最小,通过减小射流出口厚度、增大射流出口宽度、增大各向空间弯曲流线曲率半径,尽量减少流体在弯管中的二次流损失,优化结果可使喷管气动效率达到

0.85 以上。

双出口蜗壳风机根据流量与压力选择合适的高效风机机型：

$$P_f = \left(1.3P_b + \frac{1}{2}\rho_a V_j^2 \times 1.2\right)\bigg/2, \quad \overline{P}_f = \frac{P_f}{\rho u_2^2}$$

$$Q_f = Q_c + Q_j, \quad \overline{Q}_f = \frac{Q_f}{Fu_2}$$
(5.23)

式中：P_b 为囊压；Q_c 为进气垫流量；V_j 为喷管喷速；Q_j 为喷管流量；u_2 为风机线速度；F 为叶轮面积。

双出口风机的蜗壳型线则根据上下出口流量比分配蜗舌叶轮周线角 ϕ，如图 5.14 所示。

$$\phi_上/\phi_下 = Q_j/Q_c, \quad \phi_上 + \phi_下 = 360°$$
(5.24)

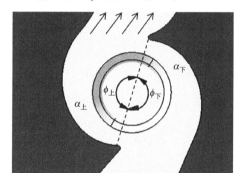

图 5.14　双出口风机蜗壳展度

从上/下蜗舌开始的上/下蜗壳螺旋线展度角 α 分别的确定公式为

$$\overline{P}_f = \frac{1}{2}\frac{R_2}{B}\arctan\alpha \cdot \overline{Q}_f$$
(5.25)

式中：R_2 为叶轮外径；B 为蜗壳宽度。

上/下蜗壳展度角 $\alpha_上/\alpha_下$ 也可直接根据风机叶轮出口蜗壳的速度三角形计算获得。

一般情况下，上/下出口总压比较接近时，双出口风机的总体效率可达最佳。

5.3.3　导管桨

导管桨操控力模型包括桨的推力模型与导管的侧向力模型，这两个操控力与上表面气动力风洞试验的 K_{TV} 相似系数密切相关。

1. 螺旋桨的推力模型

$$T_i = \left(C_1 + C_2 \varphi_{0.75} + C_3 \varphi_{0.75}^2 + C_4 \varphi_{0.75} U_a + C_5 U_a^2 \right) \left(\frac{n}{n_0} \right) \quad (5.26)$$

式中：T_i 为单桨推力；$\varphi_{0.75}$ 为桨叶 0.75 半径处的桨距角；n 为桨转速；U_a 为轴向相对风速，$U_a = U - V_w \cos(\psi - \psi_w)$；$n_0$ 为额定转速。

式（5.26）中 $C_1 \sim C_5$ 是与螺旋桨性能有关的常系数，由导管桨气动力试验获得。若气垫船共有 n 个螺旋桨，且各桨的中心在船体坐标系中的位置坐标分别为 (x_{pi}, y_{pi}, z_{pi})，则 n 个桨的推力操控力为

纵向力：$\quad X_p = \sum\limits_{i=1}^{n} T_i$

纵倾力矩：$\quad M_p = -\sum\limits_{i=1}^{n} T_i \cdot z_{pi} \quad (5.27)$

回转力矩：$\quad N_p = -\sum\limits_{i=1}^{n} T_i \cdot y_{pi}$

上表面气动力试验数据应根据 K_{TV} 相似系数获得，即

$$K_{TV} = \frac{\sqrt{T_i / \rho_a S_d}}{V_a} \quad (5.28)$$

式中：S_d 为导管出口面积；V_a 为风洞风速。

2. 导管的侧向力模型

作用在单个螺桨导管上的侧向力可根据相对风速和风向角的计算获得。相对风向角为

$$\beta_{di} = \arctan\left[(V_a \sin\beta_a + x_{di} \cdot r) / (V_a \cos\beta_a + \sqrt{T_i / \beta_a S_d}) \right] \quad (5.29)$$

相对风速为

$$V_{di} = \begin{cases} \sqrt{(V_a \cos\beta_a + \sqrt{T_i / \rho_a S_d})^2 + (V_a \sin\beta_a)^2}, & T_i \geq 0 \\ \sqrt{(V_a \cos\beta_a - \sqrt{T_i / \rho_a S_d})^2 + (V_a \sin\beta_a)^2}, & T_i < 0 \end{cases} \quad (5.30)$$

根据文献 [11] 试验结果，导管的侧向力系数可表示为

$$C_{di} = \begin{cases} 0.06667 \beta_{di}, & |\beta_{di}| < 18° \\ -0.007407 \beta_a + 1.333, & |\beta_{di}| \geq 18° \end{cases} \quad (5.31)$$

则所有导管产生的横向力及其力矩为

横向力：$Y_\mathrm{d} = -\sum_{i=1}^{n} \dfrac{1}{2}\rho_\mathrm{a} V_{\mathrm{d}i}^2 \cdot C_{\mathrm{d}i} \times CD$

横倾力矩：$K_\mathrm{d} = \sum_{i=1}^{n} Y_{\mathrm{d}i} \cdot z_{\mathrm{d}i}$ (5.32)

回转力矩：$N_\mathrm{d} = \sum_{i=1}^{n} Y_{\mathrm{d}i} \cdot x_{\mathrm{d}i}$

式中：CD 为导管直径×弦长；$x_{\mathrm{d}i}$，$z_{\mathrm{d}i}$ 为其中心坐标。

一般情况下，在上表面气动力风洞试验中为计及导管桨对上表面气动力影响，风洞模型包含了导管桨及其推力影响。基于 K_TV 相似，导管的侧向力已包含在表面气动力分量中。只有纵向阻力与推力进行剥离，基于风洞试验结果的导管侧向力才可以不用单独计算。

3. 导管桨的船体效应

气垫船一般都采用双桨布置在船艉，导管桨的抽吸作用与上表面气动力耦合影响较大，特别是在低速时。一方面，因前方上层建筑的阻挡使桨前来流速度流场发生变化，上层建筑后方的绕流使桨前来流速度减慢，即产生类似于常规船的伴流系数，因此引起导管桨推力功率的增加。另一方面，因导管桨的抽吸使上表面的来流速度增加产生额外的附加阻力，这也类似于常规船处理为推力减额系数。根据风洞试验结果，对于双桨型船该推力减额系数随航速增加而减小，中高速范围为 0.10~0.15。

导管桨在艉部的抽吸作用对上表面气动力特性影响非常大，如在 2.3 节中对风洞试验结果的分析，增大了抬首的纵倾力矩，使 $\beta \approx 15°$ 附近的转首力矩正负号发生变化等。

5.3.4 侧风门射流舵

侧风门射流舵是气垫船低速回转用的操控面，在围裙大囊上部刚性气道前后左右 4 个角各设置一个侧风门，侧风门打开时气道内喷射出的高压气流形成动量力，对角打开产生回转力矩，这时气垫供气减小围裙触水增加了水动阻尼力矩。侧风门装置如图 5.15 所示。

单个侧风门的侧向推力为

$$T_{\mathrm{s}1} = \rho_\mathrm{a} Q_{\mathrm{s}1}^2 / S_{\mathrm{s}1}, \quad T_{\mathrm{s}2} = \rho_\mathrm{a} Q_{\mathrm{s}2}^2 / S_{\mathrm{s}2} \quad (5.33)$$

式中：$Q_{\mathrm{s}1}$ 与 $Q_{\mathrm{s}2}$ 为前后侧风门流量；$S_{\mathrm{s}1}$ 与 $S_{\mathrm{s}2}$ 为前后侧风门面积。

根据单侧垫升风机向前后大囊供气的流量压头方程有

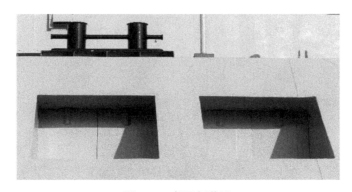

图 5.15 侧风门装置

$$\begin{cases} P_{b1} = A_f + B_f Q_f + C_f Q_f^2 - d_1 (Q_{s1} + Q_{c1})^2 \\ P_{b2} = A_f + B_f Q_f + C_f Q_f^2 - d_2 (Q_{s2} + Q_{c2})^2 \\ Q_f = Q_{c1} + Q_{s1} + Q_{c2} + Q_{s1} \end{cases} \quad (5.34)$$

式中：A_f、B_f、C_f 为风扇特性系数；d_1、d_2 为前后大囊损失系数。

前后大囊分别向气垫与侧风门供气的流量压头方程为

$$P_{b1} = P_{c1} + \xi_{c1} \frac{1}{2} \rho_a \left(\frac{Q_{c1}}{S_{c1}} \right)^2 = (1 + \xi_{s1}) \frac{1}{2} \rho_a \left(\frac{Q_{s1}}{S_{s1}} \right)^2$$
$$P_{b2} = P_{c2} + \xi_{c2} \frac{1}{2} \rho_a \left(\frac{Q_{c2}}{S_{c2}} \right)^2 = (1 + \xi_{s2}) \frac{1}{2} \rho_a \left(\frac{Q_{s2}}{S_{s2}} \right)^2 \quad (5.35)$$

式中：ξ_{c1}、ξ_{c2} 为前后大囊囊孔损失系数；ξ_{s1}、ξ_{s2} 为前后侧风门损失系数。

由式（5.34）与式（5.35）联立求解，在已知垫压 P_{c1} 与 P_{c2} 条件下，可获 P_{b1}、P_{b2}、Q_f、Q_{c1}、Q_{c2}、Q_{s1}、Q_{s2} 共 7 个未知数，从而由式（5.33）可获得一侧的两个侧风门侧向推力 T_{s1} 与 T_{s2}。

由于一般侧风门仅使用对角线打开的状态，因此仅产生回转力矩操控力：

$$N_s = T_{s11} \cdot x_{s1} + T_{s22} \cdot x_{s2} \quad (5.36)$$

式中：x_{s1} 与 x_{s2} 分别为前后侧风门的纵向坐标。

5.3.5 矢量喷管与导管桨及船体的耦合影响

艏部矢量喷管的出口自由射流与艉部的导管桨存在强干扰影响，如果设计不当，喷管出口射流被导管桨吸入后会造成总推力的下降。即使考虑上述影响，将喷管出口角度设计成向上方与外侧方偏转，但由于导管桨的强吸力，仍会有部分射流被吸入桨内而导致推力下降。根据 2.3 节关于导管桨对上表面气动力特性影响的分析，加入艏矢量喷管后其影响更为复杂。在艏矢量喷管转动

第5章 回转特性与操纵面

操控过程中，两舷矢量喷管转动角的不对称性以及艏喷管与艉导管桨的相互干扰作用等都会使上表面气动力特性产生很大的变化，这些变化与影响必须通过上表面 CFD 的模拟计算，获得不同推力与不同喷管转动角度的组合对不同漂角下的船体气动力特性的影响，并通过风洞模拟试验加以验证。由气动力试验相似准则数方程（2.10），在风洞试验中对于不同推力条件下的导管桨 K_{TV} 相似状态，根据 K_{jV} 喷管相似进行不同喷管转角 α 的系列试验，以全面获取导管桨与矢量喷管对上表面气动力的耦合影响数据。

第6章 航行安全限界与自动驾控

6.1 航行安全包络与限界

第3章与第4章基于气垫船四自由度操纵性特征方程，给出了直航与回转稳定性，以及直航、斜航与回转横稳性的线性分析方法，同时根据气垫船操纵性方程非线性影响，为了获得大范围状态空间稳定域，提出了相空间航行稳定性的分析方法。这些都是气垫船本身的稳性或安全特性分析方法，而且仅涉及横向平面运动与横侧平面运动的稳定性分析，本节将对纵向平面运动"低头埋首"稳定性，以及气垫船在操纵运动时受外界风、浪干扰下的稳定性或安全包络提出分析方法，并给出相应的安全限界控制策略。

6.1.1 直航纵稳性

船体坐标系下的纵向平面运动方程为

$$\begin{cases} m(\dot{u}-rv) = X(u,z,\theta) + X_c(P,\alpha) \\ m(\dot{w}-qu) = Z(u,z,\theta) + mg \\ I_y \dot{q} = M(u,z,\theta) + mgz_g \cdot \theta + M_c(P,\alpha) \end{cases} \quad (6.1)$$

代入 $q=\dot{\theta}$，$w=\dot{z}$，在平衡点小扰动线性化后可获纵向平面运动特征方程：

$$\begin{bmatrix} mS-X_u & -X_{\dot{\theta}}S-X_\theta & -X_{\dot{z}}S-X_z \\ -M_u & I_y S^2 - M_{\dot{\theta}}S-(M_\theta + mgz_g) & -M_{\dot{z}}S-M_z \\ -Z_u & -Z_{\dot{\theta}}S-Z_\theta & mS^2-Z_{\dot{z}}S-Z_z \end{bmatrix} \begin{bmatrix} \Delta u \\ \Delta \theta \\ \Delta z \end{bmatrix} = 0 \quad (6.2)$$

由纵向平面运动 u、θ、z 产生的纵向力与力矩主要有气垫力、由气垫产生的兴波力、围裙触水力、泄流动量力以及外部气动力。一般情况引起纵向失稳的低头埋首运动 $\Delta\theta$ 与 Δz 会引起航速 u 的降低，随之围裙水动力的减小是有利于抗纵向失稳的，因此忽略进退运动 Δu 与垂向运动 $\Delta\theta$、Δz 之间的耦合，相对是比较保守的，这相当于在设定航速条件下的低头埋首纵稳性试验。纵向稳定性分析只取 $\Delta\theta$ 与 Δz 两自由度，其中的静动导数是参变量 u 的函数。在不同纵向航速下气垫兴波凹陷使横向隔裙下飞高变化对气垫纵稳性的影响,以及不同水速时艏艉围裙在水气动力下的变形响应能力与柔性结构稳定性是影响纵稳性的主要因素。

由特征方程(6.2)略去Δu自由度,只对$\Delta\theta$、Δz进行特征方程稳定性分析,可获得四阶特征多项式为

$$a_0 S^4 + a_1 S^3 + a_2 S^2 + a_3 S + a_4 = 0 \quad (6.3)$$

式中:$a_0 = I_y \cdot m$;$a_1 = -I_y \cdot Z_{\dot z} - m \cdot M_{\dot\theta}$;$a_2 = M_{\dot\theta} \cdot Z_{\dot z} - I_y \cdot Z_z - m \cdot M'_\theta - M_z \cdot Z_{\dot\theta}$;$a_3 = M_{\dot\theta} \cdot Z_z + M'_\theta \cdot Z_{\dot z} - M_z \cdot Z_{\dot\theta} - M_z \cdot Z_{\dot\theta}$;$a_4 = M'_\theta \cdot Z_z - M_z \cdot Z_\theta (M'_\theta = M_\theta + mgz_g)$。

根据胡尔威茨稳定性必要条件,a_0总是大于零,因此需满足:

$$a_1 > 0, \quad a_1 a_2 - a_3 > 0, \quad (a_1 a_2 - a_3) a_3 - a_1^2 a_4 > 0, \quad a_4 > 0 \quad (6.4)$$

其中,$a_4 > 0$是静稳性条件,其余条件则都与动稳性即过渡过程的稳定趋势相关。

气垫船的升沉运动主要与气垫系统有关,且具有高稳性与高阻尼特征,纵摇运动与航速相关,具有低阻尼变稳性特征。纵摇运动的不对称性造成纵摇与升沉的非线性耦合影响。在纵向阻力峰速以下气垫兴波凹陷在横隔裙下达最大时,气垫分隔纵稳性M'_θ最差。随航速增加,气垫兴波凹陷减小,水上直航纵稳性M'_θ逐渐增大接近陆上纵稳性,但不同于陆上,随航速增加围裙在水动力作用下向上变形响应能力与结构稳定性变差,使直航纵稳性变差。高速时升沉与纵摇在水动力与气垫力之间呈强烈非线性耦合关系,逆风抬头顺风低头的外部气动力耦合影响,进一步加速了大倾角低头埋首的纵向失稳趋势。图6.1显

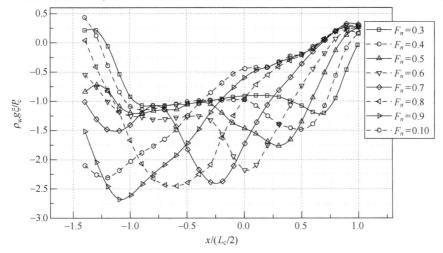

图6.1 越峰前后气垫船中心线下纵向兴波波形

示了越峰前后气垫船中心线下的纵向兴波波形，可见在 $F_n \approx 0.6$ 附近气垫分隔稳性最差。

图 6.2 显示了不同顺逆风速 $u=50\mathrm{kn}$ 时的纵稳性曲线，无风时纵倾角平衡于 1.3°左右，顺风 20kn 使纵倾角 θ 降到 0.8°附近，虽然这时气垫分隔纵稳性较大，接近陆上纵稳性，但由于高速艏部围裙在水动力作用下结构响应稳定性迅速变差，随 θ 进一步减小纵稳性很快下降至失稳区域，失稳过程中包括 Δz、$\Delta \theta$ 耦合运动的影响。

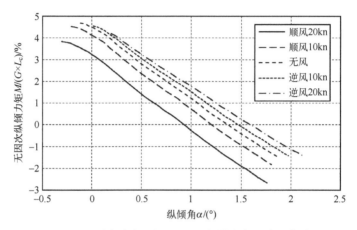

图 6.2　不同顺逆风速 $u=50\mathrm{kn}$ 的纵向复原力矩曲线

不同于 4.2.2 节斜航横稳性的分析，其失稳区域都在 $F_{nB} \approx 0.4$ 的低速大漂角区域，失稳主要原因是气垫兴波大凹陷对于气垫分割稳性的影响，高速直航纵稳性低头埋首失稳主要与艏部围裙在高速水动力作用下的缩进失稳有关。图 6.3 显示了顺逆风时在外界倾覆力矩作用下的艏裙响应度曲线。

由图 6.3 可见，围裙在触水前气垫稳性使其上抬响应，随倾覆力矩加大，围裙开始触水并迅速下拖，直至围裙几何成形失稳。从逆风 20kn 转至顺风 20kn，随低头力矩增加艏部围裙下拖越来越大，失稳力矩也从 4.2% WL_c 降至 3.8% WL_c，即顺风低头条件下围裙很易下拖失稳，最终造成船体"埋首"现象。

6.1.2　航行安全包络

航行安全包络是指船航行操纵运动中，在风、浪等环境影响下包括横向平面运动、横侧平面运动与纵向平面运动的状态空间稳定域。横向平面操纵运动是基础，在风浪条件下横向"甩尾"失稳会与垂向运动纵

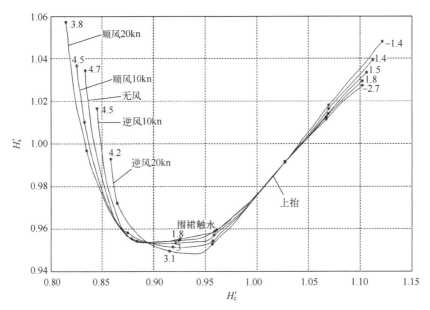

图 6.3 顺逆风时倾覆力矩作用下的艉裙响应度曲线

横摇强烈耦合,"甩尾"同时迅速降速,最终造成横侧平面低速大幅横倾的航行安全事故。逆风高速大舵角回转很易发生"甩尾"失稳,而顺风高速较易发生纵向低头,如有侧风或操控不当使艉裙不对称触水,在引起"埋首"失稳同时也会发生横向平面急速"甩尾",导致低速大幅横倾的安全事故。

在 3.3 节相空间航向稳定性分析中,已获得不同航速 u 在外界脉冲扰动下船体直航与甩尾的稳定域。在有操纵力的情况下,即在有操舵输入的操纵运动中,受到初始阶跃输入后最终的稳态点不再是 $v=r=0$ 的原点,由操纵性微分方程解式(5.7)或式(5.8),会稳定在决定于 K_1 与 K_2 的某个 $v-r$ 点,即该舵角下的定常回转漂角 β 与回转率 r。式(5.7)中与操纵稳定性有关的 T_1 与 T_2 则影响在操纵运动中外界扰动后趋向稳态点的过渡过程时间,该值越大,则越难达到稳态点。操纵力与状态矢量引起的水气动力无关,它只影响收敛点邻域的 $v-r$ 值,相对接近发散的稳定域边界(高能区)的流体动力是个小量,因此对稳定域影响不大。由于风浪力直接与状态矢量相关,外界风浪扰动下的航行安全包络改变了船本身的水气动力特性,从而使其稳定航行区域发生了变化。

风向风速对航向稳定性影响很大。根据图 6.4 所示的风向 ψ_w、风速 V_w 与船体运动在大地坐标系中的关系，有风时相对船体的纵向与横向气动速度如式（5.12）所示。

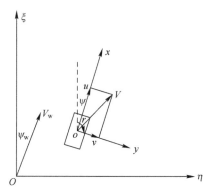

图 6.4　风向风速与船体运动矢量关系

由于 $\psi = \int_0^t r dt$，随时间 t 变化的 ψ 改变了由航速 u/v 与 ψ 及风向风速确定的气动速度 u_a/v_a，据此改变了其气动力。

由于回转时 ψ 的变化，有风状态下气垫船不能做到定常回转，即不能收敛到某个 v-r 点，但一般情况下仍具李亚普诺夫意义下的动稳定性，除非在较高航速与风速条件下。

图 6.5 显示了根据相空间分析获得的不同风速与不同纵向航速的横向平面安全包络。由图可见，风速从 10kn 增至 30kn 或航速从 25kn 增至 43kn 时，横向平面的安全包络稳定域都趋向减小。

浪向、浪高及波长对航向稳定性与操纵性有着更为复杂的影响。图 6.6 显示为某船以 30kn 航速在三级海况中不同浪向、漂角下船模斜拖试验的纵向、侧向阻力与回转力矩结果。波浪中的平面力包括一阶波动力与二阶均值力，这些力决定于船速 V、漂角 β 与船体浪向角 $(\psi_w-\psi)$，其中 ψ_w 为大地坐标浪向角，回转时 ψ 的变化引起船体浪向角的改变，波浪力也随之改变。在进行波浪中横向平面相空间稳定性分析时，在原来的静水操纵性方程（2.3）中，根据 V、β 与 $(\psi_w-\psi)$ 加入二阶均值波浪力增量 ΔX_w、ΔY_w、ΔN_w，并以一阶波动力的幅值作为操纵运动的初始扰动代入相空间计算分析。一般在相空间分析中的初始扰动是运动 v 与 r 值，为将上述波动力转换成相应的运动值，可在 v-r 非线性方程组中加入初始脉冲扰动力后进行时间积分，即可获得相应的初始运动脉冲扰动值。

第6章 航行安全限界与自动驾控

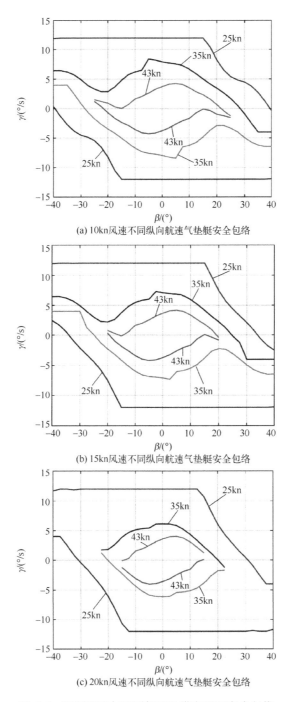

(a) 10kn风速不同纵向航速气垫艇安全包络

(b) 15kn风速不同纵向航速气垫艇安全包络

(c) 20kn风速不同纵向航速气垫艇安全包络

图6.5 不同风速与不同航速的横向平面安全包络

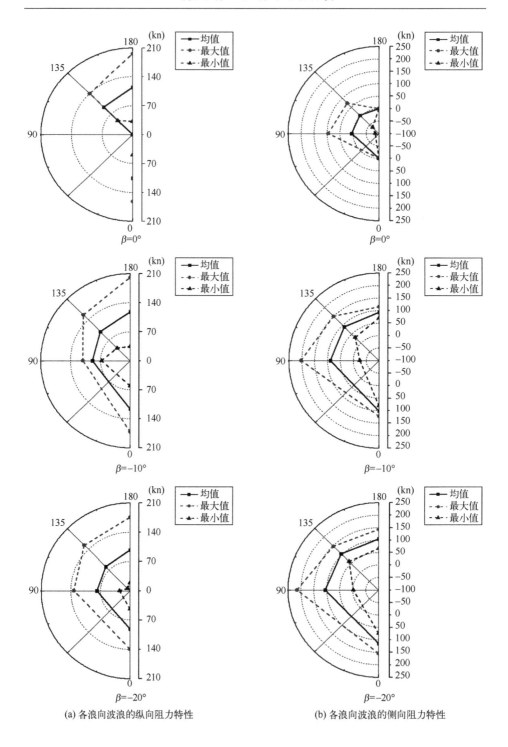

(a) 各浪向波浪的纵向阻力特性　　(b) 各浪向波浪的侧向阻力特性

第 6 章 航行安全限界与自动驾控

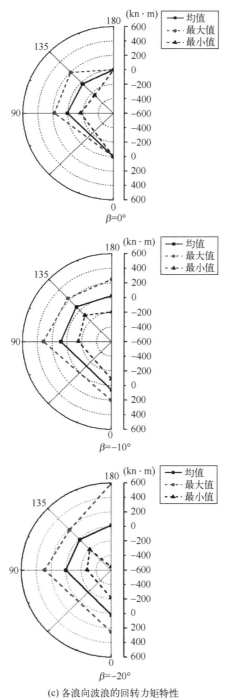

(c) 各浪向波浪的回转力矩特性

图 6.6 各浪向不同漂角的纵向、侧向阻力与回转力矩

为计算风浪中的航向稳定域，应用式（6.5）横向操纵平面 v-r（定 u）的相空间计算式，在风浪条件下将上述决定于 v-$r(\psi)$ 的气动力与波浪二阶力分别根据空速 V_a/β_a 与水速 V/β 及浪向 $\psi_w-\psi$ 代入 f_1 与 f_2 中，Δf_1 与 Δf_2 为 $t=0$ 时初始波浪脉冲扰动侧向力与回转力矩（最大波动值）。其中，f_1 与 f_2 包括静水力、风力、舵角等操控力以及波浪二阶力。Δf_1 与 Δf_2 相当于 $\dot{v}$ 与 $\dot{r}$ 的初始扰动值，一次积分后即作为 v-r 的最大扰动值代入相空间的时域积分运算中。

$$\begin{cases} \dfrac{\mathrm{d}v}{\mathrm{d}t}=f_1(v,r,\psi)+\Delta f_1(t_0) \\ \dfrac{\mathrm{d}r}{\mathrm{d}t}=f_2(v,r,\psi)+\Delta f_2(t_0) \\ \dfrac{\mathrm{d}\psi}{\mathrm{d}t}=r \end{cases} \quad (6.5)$$

从最大漂角与回转角速度开始在各种 V_0/r_0 初始扰动下对式（6.5）积分进行 v-r 相空间稳定性分析。横侧平面的安全包络是指斜航或回转操纵运动中在风浪干扰下的横摇稳定域。斜航时的横摇稳定域由式（6.6）v-ϕ（定 u，$r=0$）的相空间计算式进行计算作稳定域分析，式中，f_1 包括静水力、舵力、风力与波浪侧向二阶力，f_2 仅包括静水力、舵力与风力。

$$\begin{cases} \dfrac{\mathrm{d}v}{\mathrm{d}t}=f_1(v,\phi) \\ \dfrac{\mathrm{d}P}{\mathrm{d}t}=f_2(v,\phi,P)+\Delta f_2(t_0) \\ \dfrac{\mathrm{d}\phi}{\mathrm{d}t}=P \end{cases} \quad (6.6)$$

为了计入外界波浪的影响，Δf_2 作为 $\ddot{\phi}$ 的初始扰动，分别代入在波浪运行中各种浪向 ψ_w 可能遭遇的最大外倾与内倾力矩的初始扰动，从最大漂角与横倾角开始在各种初始扰动 v_0/ϕ_0 下对式（6.6）积分作 v-ϕ 相空间稳定性分析。

回转时的横摇稳定域根据4.3节的 Δv、Δr、$\Delta\phi$ 特征多项式稳定性分析可知，回转横稳性必须要在 u-v-r 回转稳定域与 u-v-ϕ 斜航横稳性稳定域内设定初始扰动 v_0、r_0、ϕ_0，由式（6.7）v-r-ϕ 的相空间计算式进行稳定域分析计算。

$$\begin{cases} \dfrac{\mathrm{d}v}{\mathrm{d}t}=f_1(v,r,\phi,\psi) \\ \dfrac{\mathrm{d}r}{\mathrm{d}t}=f_2(v,r,\phi,\psi) \\ \dfrac{\mathrm{d}P}{\mathrm{d}t}=f_3(v,r,\phi,\psi,P)+\Delta f_3(t_0) \\ \dfrac{\mathrm{d}\psi}{\mathrm{d}t}=r \\ \dfrac{\mathrm{d}\phi}{\mathrm{d}t}=P \end{cases} \quad (6.7)$$

在风浪条件下根据风速 V_a/β_a 与水速 V/β 及浪向 $\psi_w-\psi$，分别在 f_1 与 f_2 在静水力与舵力基础上代入气动力与波浪二阶力，f_3 中仅包括静水力、舵力与气动力，Δf_3 为 $t=0$ 时初始波浪扰动的最大外倾或内倾力矩。根据式（6.7）的时域积分计算进行如式（4.14）的 $r-\phi$ 与 $v-r$ 相空间的稳定性分析。

波浪中船的横摇稳定性因素复杂多变，图 6.7 显示了三级海况各浪向不同漂角的纵、横摇与升沉运动幅值特性。由图可见，在横浪中横摇与升沉幅值响应都达到最大，零漂角时横摇 $\Delta\phi_w=3°\sim4°$，而当漂角在 $10°\sim20°$ 时 $\Delta\phi_w$ 达到 $5°$ 左右。试验结果表明，各浪向漂角横摇特性还与波长密切相关，在波长船宽比 $\lambda/B_c=2$、左右漂角 $\beta=10°\sim20°$ 时，横摇幅值可为 $6°\sim7°$。这时波长船长比 $\lambda/L_c=1$，提供横稳性的纵向气垫分隔裙下飞高变化最大，横稳性正负之间的非线性变化造成类似常规船的"参数横摇"，从而使横摇角达最大，这时船的横侧运动已接近安全边界状态。波浪中回转力矩的大幅波动会造成波浪中的"横甩"，如甩到横浪中又处于上述波长范围，则很容易造成波浪中的大幅横摇翻船事故。

纵向平面的安全包络主要是指在直航运动时受到风浪影响下的纵摇稳定域。对于不同的 u,θ,z 状态矢量，可根据式（6.4）中 $a_4>0$ 判据判断其稳定性，其水气动力系数可根据去除气动力影响的拖曳水池高速纵向固定 u,θ,z 船模水动力试验结果（包括 z、θ 的自由衰减试验），叠加风洞试验的最大风速气动力结果，最终形成 $\theta-u$ 的稳定域。顺风是造成船"低头埋首"纵向失稳的主要外因，因此需在可能遇到的最大顺风条件代入相应的初始低头气动力矩以及波浪中最大纵摇扰动力矩确定相应的纵向平面安全包络。

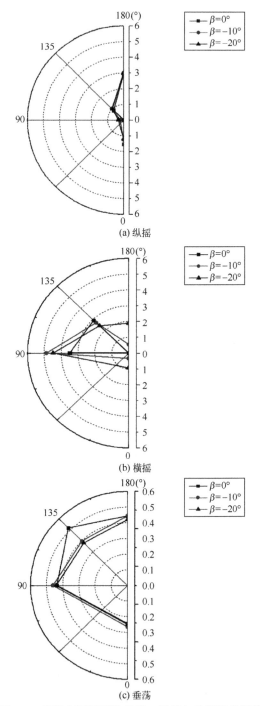

图 6.7 各浪向不同漂角的纵、横摇与升沉运动幅值

6.1.3 航行安全限界与控制

气垫船的操纵运动比较复杂,各自由度耦合度与非线性强,在风浪作用下或由操纵不当带来航行安全性问题,由于存在很多不确定性,很难根据上述理论获得的横向、横侧向与纵向安全包络直接确定精确的航行安全限界。上述航行安全包络仅作为一个理论基础,航行安全限界应通过广泛的自航模试验与实船试验验证相应的安全包络,然后根据操控的时迟响应在安全包络域内部确定航行安全限界。航行安全限界涉及横向、横侧向与纵向三个不同平面运动的稳定域,很难统一以包络形式表达,如图 6.8 所示,以舵角 δ 为横坐标,纵坐标分别显示对应航速 V、漂角 β、回转率 r 的最大允许值,横倾角 ϕ 与纵倾角 θ 的最小允许值,其中 ϕ 为内倾角,θ 为艉倾角。航速越大,允许舵角越小,允许漂角与回转率也越小。航速越大,横倾角与纵倾角的最小允许值(外倾与艏倾)也越小。横侧向运动在横向傅氏数 $F_{n_B}=0.3\sim0.5$ 区域应严格限界。

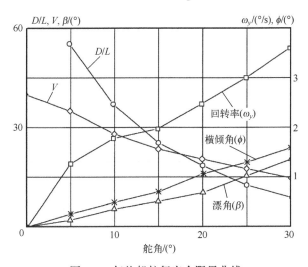

图 6.8 气垫船航行安全限界曲线

根据上节对航行安全包络的分析,风浪对安全包络的影响很大,由此需根据风浪外部环境条件设置不同的安全边界,风浪级别越高安全边界的范围越小,气垫船高速机动性能约束越大。由于船在波浪中运动的随机波动特性,安全限界状态参数必须进行在线实时滤波,以获取即时的低频限界参数量值。

如果操纵面采用桨距差或艏喷管,根据 5.1 节中对二阶 K-T 微分方程 (5.2) 的分析,相对采用空气舵、桨距差与艏喷管通过减小漂角与横侧外倾角将更有利于横向平面与横侧平面的稳定性,特别是艏喷管,因此上述状态空间的航行安全限界曲线应可以包容各种不同操纵面的影响。

在气垫船综合驾控系统中应设有"航行安全限界与控制"专用模块,对于安全限界的控制,在快接近限界点处应设有报警点,当达到安全限界点时对于横向与横侧运动则立即采用操纵面回零控制,而对纵向运动则立即采取桨距回零控制。航行安全限界与高速机动性能是一对矛盾,不能因安全限界太严而造成机动性能的丧失,在气垫船航行稳定性与安全性理论分析的基础上,必须在通过自航模试验验证安全包络后才能对航行安全限界参数的在线滤波、报警与控制进行试验验证。

6.2 航向与回转自动控制策略

不同于常规船,气垫船的航向自动控制不能以艏向角为控制目标,必须以包括漂角影响的航速角作为航向控制目标,回转自动驾控应以回转角速度与漂角为目标拓宽高速稳定回转的范围,达到自动驾控可在人工操控安全限界之外的优良高速机动性能。对于不设有矢量喷管艏推器的气垫船,侧向力与漂角不可控,在航向保持时不能维持直线运动,外界扰动下必须以不断打舵摇首"Z"形操控才能达到航向目标,而在回转时必须以较大漂角才能达到一定的回转率,回转效率低,高速回转易甩尾失稳,且易失速到横向低速横摇不稳定区域。采用矢量喷管(或摇头桨)艏推器与艉空气舵联动操控,则可实现漂角与回转率的两自由度联合控制,可以在很大程度上改善上述仅艉舵操控所带来的一系列问题,提高气垫船的高速机动性与操控安全性,可实现零漂角直线航向保持与小漂角或零漂角高速安全回转。若仅是对回转率 r 或艏向角 ψ 进行控制,则可以如常规船自动舵控制一样仅考虑第一方程。其控制框图如图 6.9 所示。

该自动舵控制系统中,图 6.9(a)是对回转率 r 的控制,主要包括回转率观测器与根据回转率误差信号的舵角控制器。回转率观测器由姿态陀螺仪首摇角速度信号及相应的状态滤波器构成,舵角控制器由基于首摇角速度误差的 PID 控制器及相应的电液舵角驱动器构成。对于艏向角控制,如图 6.9(b)所示,回转率 r 闭环控制回路变为艏向角 ψ 的闭环控制回路。在该闭环回路中除回转率观测器外需增加艏向角观测器(罗经信号)以及艏向角误差的跟踪微分器。舵角控制器由基于艏向角误差的 PID 控制器与电液驱动器构成。对基于 Δr 与 $\Delta \psi$ 的艏向与回转控制系统舵角控制器,舵角产生侧向力对 Δv 的随动控制结果,即式(5.2)的第二方程,可不予考虑。在图 6.9 中舵角控制器包含电液驱动器传递函数,CFN 是舵的控制力与力矩传递函数,FN 是船体流体动力传递函数，MIS 为船体惯性力与力矩。

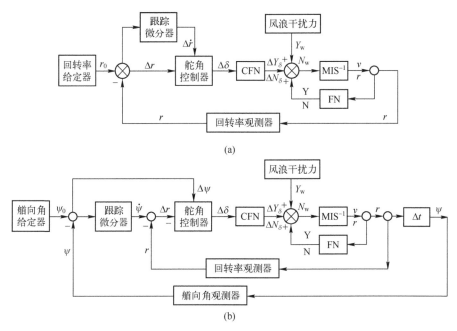

图 6.9　艏向角与回转率控制系统原理

通过调节舵角 PID 控制器中基于偏差的比例（P）、积分（I）与微分（D）增益的线性组合形成相应控制面的控制指令，PID 控制器原理框图如图 6.10 所示，其控制规律为

$$A_u(t) = K_p \left[A_e(t) + \frac{1}{T_I} \int_0^t A_e(t) \mathrm{d}t + T_D \frac{\mathrm{d}A_e(t)}{\mathrm{d}t} \right] \tag{6.8}$$

式中：A_e 为实时运动值与控制目标值之间的误差信号；K_p 为比例增益；T_I 为积分时间常数；T_D 为微分时间常数。

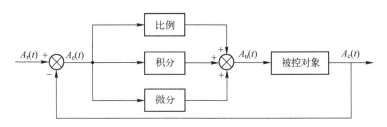

图 6.10　PID 控制器原理框图

比例增益 K_p 信号操控控制面用以减小偏差。积分增益 $\dfrac{K_p}{T_I}$ 信号用于消除静差，提高系统控制无差度，但容易使控制面饱和。微分增益 $K_p \cdot T_D$ 信号用以偏差超前控制，减小调节时间，但容易使控制面受高频干扰。由于实际控制系统强烈的非线性影响，以及上述抗饱和与抗干扰等问题，根据最优化控制技术分析，上述这些控制增益可根据现代最优控制理论通过实时状态反馈设计成时变的，加权组合形式也可以是非线性的。

对于气垫船航向自动控制系统，由于在操纵运动中漂角 β 变化较大，不能仅在船体坐标系中对自转角速度 r 进行控制，必须要在大地坐标系下对公转角速度 r_e 进行控制，因为即使艏向角 ψ 不变（$r=0$），单靠漂角 β 的变化，船体也会公转，从而改变航向角 ψ_v。由于漂角 β 的变化涉及纵向速度 u 与横向航速 v 的变化，航向角 ψ_v 的自动控制实际上与 u、v、r 三个变量的控制均相关。在仅有空气舵与桨距差没有艏部矢量喷管的联合控制中，横向速度 v 或漂角 β 是不可控的，因此这给航向角 ψ_v 的控制带来了较大的问题。文献［12］提出了在艏向闭环控制系统基础上，应用航向间接控制的概念，通过引入实时的漂角 β 值将航向期望值变为艏向期望值，这种控制模式对艏向角实施反馈闭环控制，可达到满意的控制效果，而对航向角实际上属于前馈控制的开环系统，不能实施对航向角的精准控制，特别是在外界风浪干扰较大时，艏向期望值在漂角 β 误差较大的情况下使 ψ 设定值失真，即使艏向闭环控制可达到控制精度，没有基于误差消除的航向角闭环控制，也不能保证航向角的控制精度。图 6.11 显示了以艏向控制为基础的航向前馈控制模式框图。

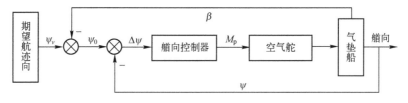

图 6.11　前馈控制的航向控制系统框图

气垫船的航向控制系统应建立在对航向角 ψ_v 及其变化率 $r_e = \dot{\psi}_v$（大地回转率）的闭环控制基础上，采用 DGPS 航迹向信号作为航向角观测器，如图 6.12 所示。除船体回转率 r 外，由于漂角 β 及其变化率 $\dot{\beta}$ 涉及 u、v 两自由度的变化，ψ_v 作为一个"综合"自由度的控制，除由风浪等外界干扰的不确定性外，还存在由自身自由度耦合影响产生的不确定性。应用现代控制理论"基于内部机理（数学模型）的控制方法"的控制效果存在一定的问题，而应用在现代控制理论基础上，发扬并丰富 PID 控制精髓（基于误差消除误差），采用非线性控制概念的自抗扰控制技术（估计补偿不确定因素的控制技术）[13]可获得更好的控制效果。

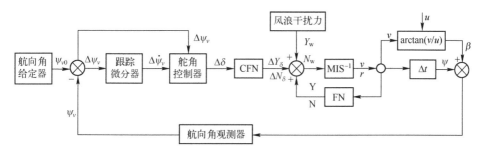

图 6.12　航向角控制系统原理

"自抗扰控制器"的基本结构如图 6.13 所示。基本结构包括三部分：①对目标参数安排过渡过程的"跟踪微分器"，实施对目标信号及其各阶微分信号的光滑逼近，同时对目标信号达到无超调最速跟踪。②将所有非线性系统状态的不确定性与外部扰动归为一维不确定因子的"扩张状态观测器"，以控制对象输出为输入，获得控制目标与不确定因子的观测输出。③可根据不确定因子做出控制补偿的"非线性状态控制器"，可实现小误差大增益/大误差小增益特性，达到类似模糊 PID 控制效果。

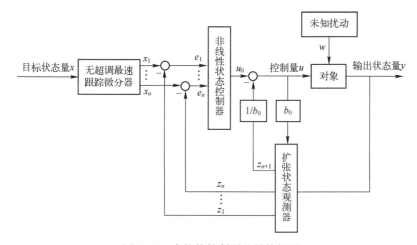

图 6.13　自抗扰控制器的结构框图

应用自抗扰控制技术（估计补偿不确定因素的控制技术）[13]的航向控制系统非线性状态控制方程如下：

$$\begin{cases} \dot{x}_1 = x_2 \\ \dot{x}_2 = f(x_1, x_2, t) + w(t) + b_0 \cdot u \\ y = x_1 \end{cases} \quad (6.9)$$

式中：$x_1 = \psi_v = \psi + \beta$；$x_2 = \dot{\psi}_v = r_e = \dot{\psi} + \dot{\beta}$；$f$ 为航向角变化产生的未知流体阻力矩；w 为未知风浪扰动力矩；u 为控制量空气舵角；b_0 为单位舵角操控力矩产生的回转角加速度，$b_0 = N_r / I_z$。

上述控制方程，通过引入扩张状态 $x_3 = f(x_1, x_2, t) + w(t)$，由 GPS 或北斗获得控制对象航迹向输入 y（ψ_v 信号），"扩张状态观测器"根据控制输入与被控对象输出的误差获取 x_1、x_2、x_3 的观测值 z_1、z_2、z_3。"跟踪微分器"通过目标信号 x_1 与观测信号 z_1、z_2 的无超调最速跟踪，给出状态控制器的最优误差信号 e_1、e_2。"非线性状态控制器"则根据目标状态量及其跟踪微分量与上述观察值的误差 e_1 和 e_2 获得控制量 u（空气舵指令舵角）：

$$u = [\beta_1 \cdot \text{fal}(e_1, \alpha_1, \delta_1) + \beta_2 \cdot \text{fal}(e_2, \alpha_2, \delta_2)] - z_3 / b_0 \quad (6.10)$$

式中：β_1、β_2 相当于 PD 控制器的控制增益；$\text{fal}(e, \alpha, \delta)$ 可根据控制状态量的误差 e_1 及其状态导数量的误差 e_2 实时调节各自增益的大小，以实现小误差大增益或大误差小增益的模糊 PID 控制效果；z_3 为不确定状态的估计值，用以实施对控制量的补偿。

气垫船的操纵运动具有强烈的非线性，又很容易受到风、浪等不确定性环境影响，使得采用"基于误差消除误差"的经典 PID 控制，需要根据实时的控制变量误差在线优化 PID 控制律，才能使其达到满意的控制效果。基于 BP 神经网络的 PID 控制器是一种应用"误差反向传递"（Back Propagation，BP）的神经网络智能 PID 控制系统，能够充分逼近任意复杂的非线性关系，形成非线性动力学系统，用以表征被控对象的控制模型，而且能够通过学习来适应不确定系统的动态特征。图 6.14 显示了基于 BP 神经网络的 PID 控制系统结构框图。

控制系统由两部分组成：①经典的 PID 控制器，直接对被控对象实施过程闭环控制，三个控制参数 K_p、K_I、K_D 通过 BP 神经网络（Back Propagation Neural Network，BP-NN）在线整定。②BP 神经网络根据系统的运行状态经神经网络的自身学习进行加权系数调整，整定控制参数 K_p、K_I、K_D，使之在稳定状态达到最优控制律下的 PID 控制器参数。图 6.15 显示了 BP 神经网络结构原理。

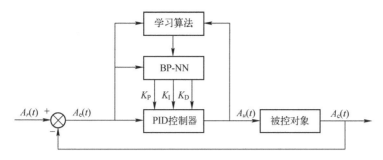

图 6.14 基于 BP 神经网络的 PID 控制系统结构

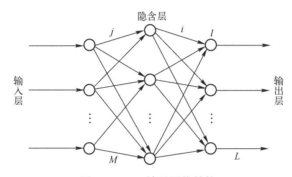

图 6.15 BP 神经网络结构

BP 神经网络包含三层结构，有 M 个输入层节点、Q 个隐含层节点，以及三个输出节点（图 6.15 中 $L=3$）。输入节点对应所选运行系统的状态量，如系统不同时刻的输入/输出量误差与控制量等。输出节点则对应在线整定的 PID 控制器参数。中间隐含层的节点单元数量根据具体问题选取，数量少则收敛慢且易陷入局部极小，数量多又会增加系统计算量。BP-NN 的神经元多采用 S 型函数作为传递，通过最小二乘学习算法，神经网络的输入/输出量误差随时间边向后传递边修正网络的加权系数与阈值，使性能指标函数沿负梯度方向优化。BP-NN 的学习过程分为前向网络计算与反向误差传递两部分，这两部分是相继连续反复进行的，只要前向计算仍存在误差，即转入反向传递，使之作为修改加权系数与阈值的依据，误差随之减小直至达到误差性能指标。

文献 [1] 基于 BP 神经网络 PID 控制方法进行了气垫船等航速航向保持性能的仿真计算，控制对象为舵角，控制目标为航向角，即令 $\psi_v = \psi_{v_0}$，$\dot{\psi}_v = r + \dot{\beta} = r_e = 0$，$u = u_0$。图 6.16 显示了航速为 15kn 和 25kn 时的航向保持控制结果。

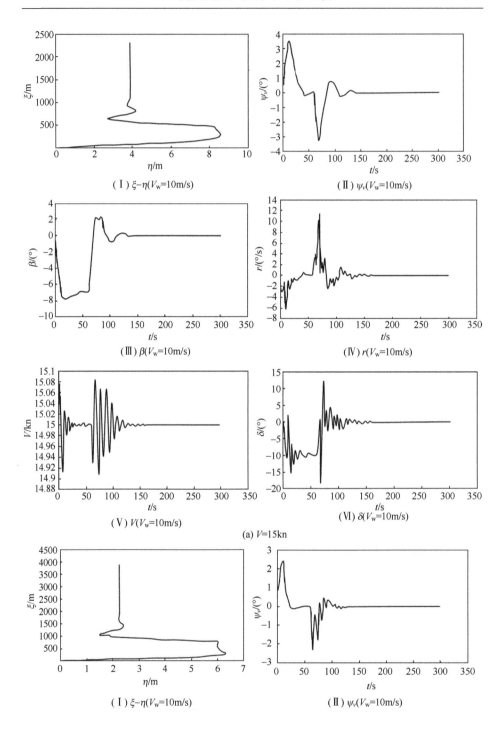

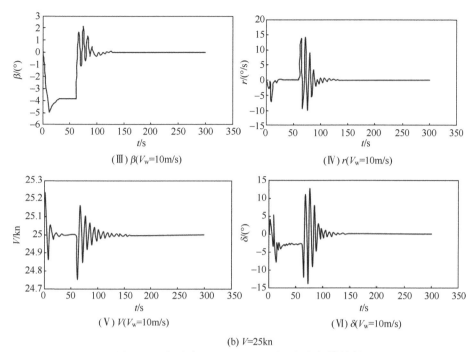

(Ⅲ) $\beta(V_w=10\text{m/s})$ (Ⅳ) $r(V_w=10\text{m/s})$

(Ⅴ) $V(V_w=10\text{m/s})$ (Ⅵ) $\delta(V_w=10\text{m/s})$

(b) $V=25\text{kn}$

图 6.16　航速为 15kn 和 25kn 时的航向保持控制

在航向保持控制仿真计算中,在 $t=0$ 时施加一尾侧风,风向角 $\psi_w=45°$,风速 $V_w=10\text{m/s}$ 的扰动,持续 60s ($t_w=60\text{s}$) 后去除扰动。仿真结果显示:船速 15kn 时约在 45s 后趋于稳定,而航速 25kn 时仅 25s 左右,速度高时航向稳定得快,这主要与船本身航向稳定性趋好有关。在风扰动尚未取消时,船有一接近稳定的漂角 β,15kn 时 $\beta=7°$,25kn 时 $\beta=4°$;对应的舵角 δ 分别为 $-10°$ 与 $-3.5°$,航速越高,稳定航向的漂角与舵角都越小。当风的干扰取消后,最终 ψ_v 与 β 都趋于零 ($\dot{\psi}_v$ 也趋于零),对应的时间分别为 90s 与 60s,由此可见,对航向稳定性较差的低速状态控制时间较长。

基于 BP 神经网络 PID 控制方法对气垫船等航速、等回转率的控制结果如图 6.17 所示。该仿真计算包括航速 $u=15\text{kn}$ 与 $u=35\text{kn}$ 时,在顺风 $\psi_w=0$,风速 $V_w=10\text{m/s}$ 下,分别控制其回转率 $r=3.5°/\text{s}$ 与 $r=2.0°/\text{s}$ 的结果。仿真结果显示:控制参数 r 与 v 超调量均不大,30~50s 后趋于稳定,回转直径/船长比在 15kn 与 35kn 时分别为 8.3 与 33.3。高速时漂角 β 虽已接近 40°,横倾角 ϕ 也接近 3°,但系统仍趋于稳定,没有主动控制一般这种状态已接近"甩尾"失稳区域,这与美国 JEFFB 实船回转试验结果比较接近。控制系统的优化设计可以通过闭环改变操纵性特征方程的特征根,扩大气垫船的航行稳定性安全包络区域，从而提高船的高速机动性能。

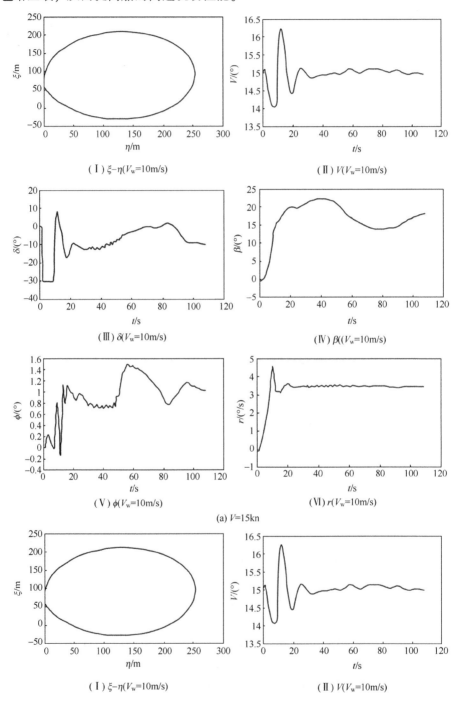

(Ⅰ) ξ-η(V_w=10m/s)

(Ⅱ) V(V_w=10m/s)

(Ⅲ) δ(V_w=10m/s)

(Ⅳ) β(V_w=10m/s)

(Ⅴ) ϕ(V_w=10m/s)

(Ⅵ) r(V_w=10m/s)

(a) V=15kn

(Ⅰ) ξ-η(V_w=10m/s)

(Ⅱ) V(V_w=10m/s)

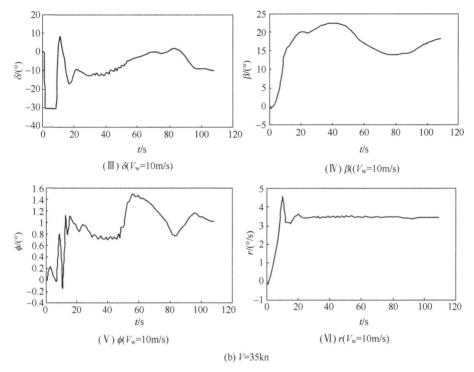

(Ⅲ) $\delta(V_w=10\text{m/s})$　　　　　　(Ⅳ) $\beta(V_w=10\text{m/s})$

(Ⅴ) $\phi(V_w=10\text{m/s})$　　　　　　(Ⅵ) $r(V_w=10\text{m/s})$

(b) $V=35\text{kn}$

图 6.17　航速为 15kn 和 35kn 时等回转率控制

6.3　船速、侧滑与回转三自由度控制

船在执行任务前，首先需在图 6.18 所示的大地坐标系中设定航路曲线与目标点，由于常规船艏向角 ψ 即为航向角 ψ_v，以每点航路向作为艏向目标控制船的首摇运动，不断修正艏向角使船沿航路向前航行。对于气垫船，由于外界风浪或操控惯性使其漂角 β 变化很大，因此必须在上述基础上同时控制横向速度 v，使其漂角 β 最小，才能使船沿着航路向前航行。常规船可在 ψ-r 一个自由度上进行航迹控制，而气垫船必须要在 ψ-r 与 v 两自由度上进行航迹控制。在只有艉空气舵没有艉矢量喷管时也可采用 6.2 节所述的 ψ_v-r_e 的控制策略，在有侧滑情况下控制系统是通过不断摇首改变艏向角 ψ 补偿漂角 β 变化影响来达到航向角 ψ_v 的控制，风浪扰动大时其首摇角速度也大。在有艉矢量喷管条件下，可以实现纵向船速一个自由度以及横向 ψ-r 与 v 两自由度的控制，可以抗侧漂减小首摇角速度，提高控制效果。

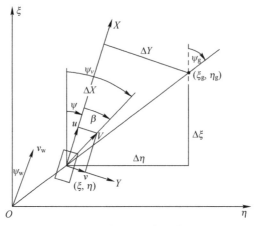

图 6.18 大地坐标航迹航向

图 6.19 显示了由艏矢量喷管、艉空气舵与左右桨距控制器组成的航速、侧滑与回转三自由度的自动驾控系统原理。主控机根据图 6.18 中航路目标点坐标 (ξ_g, η_g) 及其目标艏向角 ψ_g，对应船实时航迹点 (ξ, η)、大地坐标航速 (V_x, V_y)、艏向角 ψ 及回转率 r 的输入，计算大地坐标系下的运动与位置误差，通过坐标变换输出船体运动误差 ($\Delta u, \Delta v, \Delta r$) 及其导数，以及纵向距离差 ΔX（艏向），作为艏矢量喷管、艉空气舵与左右桨距控制器的输入参数。对于航迹航向保持自动驾控系统的这部分工作也可由驾驶员根据图 6.18 的航迹航向人工设定上述三个控制器的输入，即目标航速 V_e、目标漂角 $\beta_e=0$、目标回转率 r_e。由上述目标转换成目标参数 u、v、r 输入艏喷管、艉空气舵与左右桨距控制器。

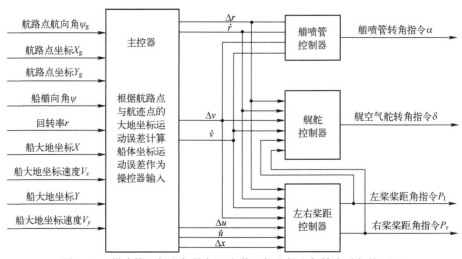

图 6.19 艏喷管、艉空气舵与左右桨距航迹航向保持自动驾控原理

第6章 航行安全限界与自动驾控

图 6.20 显示了艏喷管与艉空气舵 PD 控制器的原理,这两个控制器输入参数均为 Δr、$\Delta \dot{r}$ 与 Δv、$\Delta \dot{v}$,属于耦合控制器。其输出指令值艏喷管转角 $\Delta \alpha$ 和舵角 $\Delta \delta$ 经时间积分后为未受限制的操控指令 α 与 δ,需要根据航行安全限界和实际物理使用限界对该指令进行限界后,才能进入喷管与舵操控机构。对艉空气舵的限界计算还应包含与左右桨距指令相匹配的限界与修正(舵效正比于推力或桨距和,舵角指令应根据此关系进行修正)。

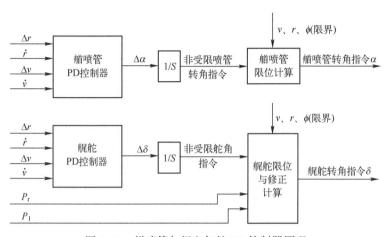

图 6.20 艏喷管与艉空气舵 PD 控制器原理

图 6.21 显示了左右桨距 PD 控制器的原理。该控制器分别由左右桨距和 PD 控制器与左右桨距差 PD 控制器组成。前者控制纵向速度,输入为 Δu、$\Delta \dot{u}$;后者控制回转,输入为 Δv、$\Delta \dot{v}$ 与 Δr、$\Delta \dot{r}$。输出桨距差 ΔP_m 的限界应包括位置误差或航速设定的影响,目标 X 位置误差大或航速(桨距和)设定高则桨距差受限较大。从桨距和指令 ΔP_p 与桨距差指令 ΔP_m 可获左右桨各自的桨距误差指令 $\Delta P_l/\Delta P_r$,经时间积分后的左右桨距指令 P_l/P_r 经由航行安全限界及物理使用限界计算后输入左右桨变距控制机构。

图 6.22 显示了艏喷管、艉空气舵与左右桨距 u-v-r 三自由度自动驾控原理框图。将图 6.20 与图 6.21 的 4 个 PD 控制器控制框图纳入,包含气垫船外部水气动力与惯性力的,纵向速度 u 以及横漂与回转速度 v-r 的三自由度控制系统框图内,分别加入左右桨距变距控制系统(PTD)以及艏喷管与艉空气舵的电液伺服驱动器(TRD),各控制器输出的操纵面产生的操控力闭环加入气垫船外部水气动力,通过船体惯性力项积分获得控制后的船体运动 u-v-r。

由 2.1 节操纵性微分方程(2.3),略去随动量项 ϕ 变为

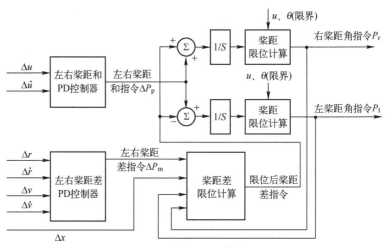

图 6.21　左右桨距 PD 控制器原理

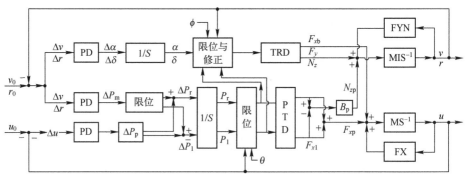

图 6.22　艏喷管、艉空气舵与左右桨距三自由度耦合控制原理

$$\begin{bmatrix} m & 0 & 0 \\ 0 & m & 0 \\ 0 & 0 & I_t \end{bmatrix} \begin{bmatrix} \dot{u} \\ \dot{v} \\ \dot{r} \end{bmatrix} = \begin{bmatrix} X(u,v,r) \\ Y(u,v,r) \\ N(u,v,r) \end{bmatrix} + \begin{bmatrix} \Delta X_c \\ \Delta Y_c \\ \Delta N_c \end{bmatrix} \quad (6.11)$$

式中：右侧第一项为船外部水气动力项；第二项为操控力项。

操控力与操纵面的关系方程为

$$\begin{bmatrix} \Delta X_c \\ \Delta Y_c \\ \Delta N_c \end{bmatrix} = \begin{bmatrix} \dfrac{\partial X_c}{\partial P_p} & \dfrac{\partial X_c}{\partial \alpha} & \dfrac{\partial X_c}{\partial \delta} & 0 \\ 0 & \dfrac{\partial Y_c}{\partial \alpha} & \dfrac{\partial Y_c}{\partial \delta} & 0 \\ 0 & \dfrac{\partial N_c}{\partial \alpha} & \dfrac{\partial N_c}{\partial \delta} & \dfrac{\partial N_c}{\partial P_m} \end{bmatrix} \begin{bmatrix} \Delta P_p \\ \Delta \alpha \\ \Delta \delta \\ \Delta P_m \end{bmatrix} \quad (6.12)$$

式中：P_p 与 P_m 分别为桨距和与桨距差；α 与 δ 分别为艏喷管与艉舵的转角。

由图 6.20 与图 6.21 可知，上述各操纵面的控制器方程如下：

$$\begin{bmatrix} \Delta P_p \\ \Delta \alpha \\ \Delta \delta \\ \Delta P_m \end{bmatrix} = \begin{bmatrix} A_{pu} & 0 & 0 \\ 0 & A_{\alpha v} & A_{\alpha r} \\ 0 & A_{\delta v} & A_{\delta r} \\ 0 & A_{pv} & A_{pr} \end{bmatrix} \begin{bmatrix} \Delta u \\ \Delta v \\ \Delta r \end{bmatrix} \tag{6.13}$$

式中：A_{pu} 为桨距和与航速 u 控制增益；$A_{\alpha v}$、$A_{\alpha r}$ 为艏喷管侧漂 v 与回转 r 耦合控制增益；$A_{\delta v}$、$A_{\delta r}$ 为空气舵侧漂 v 与回转 r 耦合控制增益；A_{pv}、A_{pr} 为桨距差侧漂 v 与回转 r 耦合控制增益。

这些控制增益如前节所述，可根据实时反馈优化设计成时变非线性 PID 控制增益。

纵向航速控制系统由桨距和控制器组成，是独立于 v-r 的控制系统。横漂与回转航向控制系统由艏喷管、艉舵与桨距差控制器组成，是 v-r 两自由度耦合控制系统，其中桨距差只能提供回转率的控制。由于低速空气舵效差高速可用桨距差小，为了在合适航速范围内实现低速以桨距差 P_m 为主，高速以空气舵 δ 为主，应根据桨距和（或航速）参变量在两者之间进行合理的分配，分配关系公式为

$$\begin{cases} \Delta \delta = (A_{\delta v} \Delta v + A_{\delta r} \Delta r) k \\ \Delta P_m = (A_{pv} \Delta v + A_{pr} \Delta r)(1-k) \\ 令 A_{pv} = A_{\delta v} \dfrac{N_r}{N_p}, A_{pr} = A_{\delta r} \dfrac{N_r}{N_p} \end{cases} \tag{6.14}$$

式中：取 $k \approx 1.5 k_p^2$，$k_p = \dfrac{P_p}{2 P_{\max}}$，$P_{\max}$ 为最大距；$N_r = \dfrac{\partial N_c}{\partial \delta}$，$N_p = \dfrac{\partial N_c}{\partial P_p}$；在低速 $k_p < 0.35$，可取 $k = 0$，全部采用桨距差；在高速 $k_p > 0.75$，可取 $k = 1$，全部采用空气舵。

在上述桨距差控制器中除极低速外一般不采用负螺距操控。

为实现 u-v-r 三自由度耦合控制系统控制增益的最优化设计，将耦合控制系统分解成纵向航速 u 控制子系统与横向航向 v-r 控制子系统，分别应用现代控制理论方法对闭环控制系统目标误差性能指标进行最优化广义 PID 控制器设计，航速与航向控制子系统的目标误差性能分别为

$$\begin{cases} \int e_u^2 \mathrm{d}t = 0 \\ \int (e_r^2 + \xi e_v^2) \mathrm{d}t = 0 \end{cases} \tag{6.15}$$

式中：e_u、e_r、e_v 分别为纵向航速、回转率与横向速度的目标误差；ξ 为 r 与 v 误差控制中的权函数，根据实时误差状态可调。

在航向控制子系统中，仅对空气舵与艉喷管两个耦合控制器进行目标误差性能优化设计，然后根据航速控制子系统的实时桨距和 P_p，应用式（6.14）对空气舵与桨距差进行合理分配控制。对于航向控制子系统，因除极低速外回转阻力矩 $\frac{\partial N}{\partial r}$ 远小于 $\frac{\partial N}{\partial v}$，回转时气垫船必须要有一外漂角，由其产生的水气动力形成回转阻力矩与向心阻力，v 与 r 强烈耦合。在 6.2 节 r 或 ψ 的单自由度控制中，r 是主动控制，v（或 β）是随动控制，v 随 r 的变化而自主变化，r 越大 v（或 β）也越大。为实现小漂角或零漂角有效高速回转，需根据回转率 r 采用操控力取代水气侧向力，即采用 r-v 两自由度耦合控制。一般设计提供有效侧向力的艉部矢量喷管横向最大推力与允许最大回转率时的侧向水气动力相比要小，不能令目标漂角为零，无法用操控力完全取代侧向水气动力，因此在"回转率保持"控制中目标回转率大时，通过空气舵（或桨距差）与艉喷管的 v-r 两自由度耦合控制，根据操控力大小仅能实现最小漂角下回转率 r 的最优控制，只有在目标回转率小时才可实现零漂角回转的最优控制。

"航向保持"控制时回转扰动小可采用"主对角线"解耦控制策略，这时三自由度初始设定为 $u=u_0$，$v=0$，$r=0$；用桨距和控制器控制 $u=u_0$，艉喷管控制器控制 $v=0$ 以抗侧漂扰动，艉舵（或桨距差）控制器控制 $r=0$ 以抗回转扰动，控制系统相对比较简化。

航向控制系统通过对 v-r 的耦合控制，由于实现了高速航行时最小漂角下的回转，根据第 3 章航向稳定性相空间分析与图 3.13 不同航速与回转率下回转稳定的临界漂角，稳定回转的最大回转率可大幅提高，气垫船的高速机动性能获得显著改进。将式（6.12）、式（6.13）代入式（6.11）中 v-r 耦合控制方程，通过类似式（5.1）和式（5.2）的解耦方法，可对空气舵 δ 与艉喷管 α 控制器进行 v-r 解耦优化设计。

对于气垫船在阻力峰速以下中低速冲退滩以及进出母舰的操纵机动性能，由于航速低受风浪影响大，且不具有航向稳定性，人工操纵控制的难度很大，通过图 6.18 对目标点 ξ_g、η_g 以及目标方位 ψ_g 的大地坐标航路规划，由自动驾控系统主控器实时计算大地坐标系下船的运动与位置（含方向）误差，分别实施上述的中低速 u 航速控制与航向艉向 v-r 耦合控制，可实现中低速定位定向精准航迹控制，降低人工操控的强度，大幅提高气垫船的中低速机动操控性能。

第7章 六自由度操纵运动仿真

7.1 坐标系与六自由度运动方程

7.1.1 运动坐标系

图7.1显示了气垫船六自由度操纵运动原点在船重心处的随船坐标系 $o\text{-}xyz$，相应的船体重心处线速度 V 在 x、y、z 方向上有三个分量 (u,v,w)，角速度 Ω 有分别绕 x、y、z 轴转动的三个分量 (p,q,r)。作用于重心的外力与外力矩分别为 (X,Y,Z) 与 (K,M,N)。

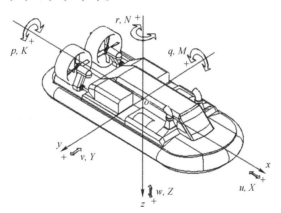

图7.1 六自由度运动随船坐标系

图7.2显示了随船坐标系 $o\text{-}xyz$ 相对大地坐标系 $o\text{-}x_e y_e z_e$ 的旋转对应关系，该图表明随船坐标系重心相对大地坐标系有一线位移 (x_e, y_e, z_e) 的同时，随船坐标系相对大地坐标系旋转产生三个欧拉角 (ψ, θ, ϕ)。由此可获得总速度矢量随时间的导数为

$$\frac{\mathrm{d}V}{\mathrm{d}t}=\frac{\mathrm{d}u}{\mathrm{d}t}\boldsymbol{i}+\frac{\mathrm{d}v}{\mathrm{d}t}\boldsymbol{j}+\frac{\mathrm{d}w}{\mathrm{d}t}\boldsymbol{k}+u\frac{\mathrm{d}\boldsymbol{i}}{\mathrm{d}t}+v\frac{\mathrm{d}\boldsymbol{j}}{\mathrm{d}t}+w\frac{\mathrm{d}\boldsymbol{k}}{\mathrm{d}t} \tag{7.1}$$

式中：$\boldsymbol{i}$、$\boldsymbol{j}$、$\boldsymbol{k}$ 分别为 x、y、z 三方向单位矢量，其微分为三方向的角速度

分量。

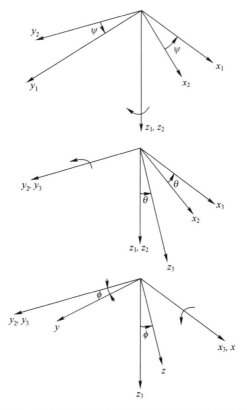

图 7.2 随船坐标系相对大地坐标系旋转的欧拉角

由上述随船坐标系与大地坐标系关系的分析,可获得大地坐标系与随船坐标系的线速度关系式为

$$\begin{bmatrix} \dfrac{\mathrm{d}x_e}{\mathrm{d}t} \\ \dfrac{\mathrm{d}y_e}{\mathrm{d}t} \\ \dfrac{\mathrm{d}z_e}{\mathrm{d}t} \end{bmatrix} = \boldsymbol{A} \cdot \boldsymbol{B} \cdot \boldsymbol{C} \begin{bmatrix} u \\ v \\ w \end{bmatrix} \quad (7.2)$$

式中:$\boldsymbol{A} = \begin{bmatrix} \cos\psi & -\sin\psi & 0 \\ \sin\psi & \cos\psi & 0 \\ 0 & 0 & 1 \end{bmatrix}$;$\boldsymbol{B} = \begin{bmatrix} \cos\theta & 0 & \sin\theta \\ 0 & 1 & 0 \\ -\sin\theta & 0 & \cos\theta \end{bmatrix}$;$\boldsymbol{C} = \begin{bmatrix} 1 & 0 & 0 \\ 0 & \cos\phi & -\sin\phi \\ 0 & \sin\phi & \cos\phi \end{bmatrix}$。

大地坐标系与随船坐标系的角速度关系式为

$$\begin{bmatrix} \dfrac{\mathrm{d}\phi}{\mathrm{d}t} \\ \dfrac{\mathrm{d}\theta}{\mathrm{d}t} \\ \dfrac{\mathrm{d}\psi}{\mathrm{d}t} \end{bmatrix} = \begin{bmatrix} 1 & \sin\phi \cdot \tan\theta & \cos\phi \cdot \tan\theta \\ 0 & \cos\phi & -\sin\phi \\ 0 & \dfrac{\sin\phi}{\cos\theta} & \dfrac{\cos\phi}{\cos\theta} \end{bmatrix} \begin{bmatrix} p \\ q \\ r \end{bmatrix} \quad (7.3)$$

7.1.2 六自由度运动方程

根据牛顿第二定律并记及 xz 平面的对称性，分解方程（7.1）可获得随船坐标系六自由度运动方程。

操纵平面运动方程：

$$\begin{cases} m(\dot{u}+qw-rv) = X - G\sin\theta \\ m(\dot{v}+ru-pw) = Y + G\cos\theta\sin\phi \\ I_z\dot{r} - (I_x-I_y)pq - I_{zx}(\dot{p}-qr) = N \end{cases} \quad (7.4)$$

垂向平面运动方程：

$$\begin{cases} m(\dot{w}+pv-qu) = Z + G\cos\theta\cos\phi \\ I_x\dot{p} - (I_y-I_z)qr - I_{zx}(\dot{r}+pq) = K + Gh_g\cos\theta\sin\phi \\ I_y\dot{q} - (I_z-I_x)rp - I_{zx}(r^2-p^2) = M + Gh_g\sin\theta \end{cases} \quad (7.5)$$

式中：I_x、I_y、I_z 分别为绕 x、y、z 轴的惯性矩；耦合惯性矩 $I_{zx} = \int xz\mathrm{d}m$；$G$ 为船重；h_g 为重心高。一般耦合惯性矩 I_{zx} 可近似忽略。

通过对运动方程（7.4）和式（7.5）左侧耦合惯性力项的量级分析，运动方程（7.4）和式（7.5）可简化为以该自由度惯性力为主的六自由度运动方程如下。

操纵平面运动方程：

$$\begin{cases} m(\dot{u}-rv) = X_{cw}+X_{ce}+X_{sw}+X_a+X_w+X_p+X_\alpha \\ m(\dot{v}+ru) = Y_{cw}+Y_{ce}+Y_{sw}+Y_a+Y_w+Y_\alpha+Y_\delta \\ I_z\dot{r} = N_{cw}+N_{ce}+N_{sw}+N_a+N_w+N_p+N_\alpha+N_\delta \end{cases} \quad (7.6)$$

垂向平面运动方程：

$$\begin{cases} m(\dot{w}+pv-qu) = Z_c+Z_{sw}+Z_a+G \\ I_x\dot{p} = K_c+K_{sw}+K_a+K_\alpha+K_\delta+G\cdot h_g\cdot\phi \\ I_y\dot{q} = M_c+M_{sw}+M_a+M_p+M_\alpha+G\cdot h_g\cdot\theta \end{cases} \quad (7.7)$$

式(7.6)与式(7.7)右侧下标 cw、ce、sw、a、w、P、α、δ 分别表示气垫兴波力、泄流动量力、围裙触水力、气动力、波浪附加力、桨力、喷管力与舵力。式(7.7)右侧下标 c 为气垫垂向力,包含了静态气垫力以及由波浪、围裙与船体运动产生的动态气垫力;下标 sw 为围裙触水升力与力矩;最后一项为重力及由重心高产生的倾覆力矩。在越过阻力峰后,兴波波长船长比大于1,式(7.6)中的气垫兴波力与泄流动量力正比于船的波倾角与泄流角(相当于式(7.4)右侧第二项与重力相关项):

$$\begin{cases} X_{cw} = -G \cdot \theta_w, & Y_{cw} = -G \cdot \phi_w \\ X_{ce} = -G \cdot \theta_e, & Y_{ce} = -G \cdot \phi_e \end{cases} \tag{7.8}$$

式中:θ_w、ϕ_w 分别为兴波纵、横倾角,与横向平面运动相关;θ_e、ϕ_e 分别为泄流纵、横倾角,与垂向平面运动相关。

兴波与外界波浪引起的波倾角,或陆上运行时船在斜坡上的坡倾角,是大地坐标系倾角,船体随之倾斜,重力在 X 或 Y 方向的分力形成了相应的阻力。泄流角则是在外力矩作用下船相对船体坐标系产生的纵、横倾角,垂向气垫压心发生偏移形成的复原力矩扣除重力偏斜产生的倾覆力矩后与外力矩相平衡,水平向泄流动量力与气垫压力在 x 向分量相平衡。图 7.3 显示了气垫船垂向平面受力平衡的原理(式(7.5)中外力与重力分力的平衡关系)。

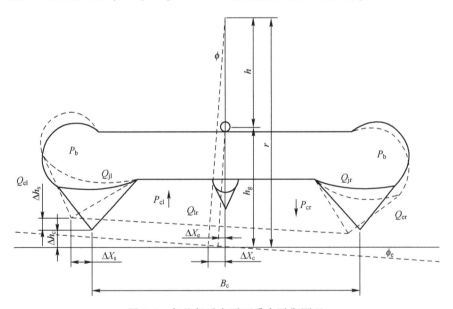

图 7.3 气垫船垂向平面受力平衡原理

第7章　六自由度操纵运动仿真

图 7.3 中对船体坐标系垂向力平衡有

$$Z_c \cdot \cos\phi_e = -G, \quad K = -(Z_c \cdot r - Gh_g)\sin\phi_e \tag{7.9}$$

可获得无因次稳性 $\dfrac{\partial \overline{K}}{\partial \phi_e} = \dfrac{K/\phi_e}{G \cdot B_c} = -\left(\dfrac{r}{B_c} - \dfrac{h_g}{B_c}\right) = -\dfrac{h}{B_c}$

式中：Z_c 为垂向气垫力；K 为横倾力矩；r 为横稳心半径，$r = \int_c^d P_c \cdot Y \mathrm{d}S / \int_c^d P_c \mathrm{d}S$；气垫复原力矩 $K_c = Z_c \cdot r$；h_g 为重心高；h 为稳性高。

水平力平衡有

$$\begin{aligned} Y_{ce} &= Z_c \cdot \sin\phi_e = -G \cdot \phi_e = 2(P_{cr}C_{er}h_{er} - P_{cl}C_{el}h_{el})B_c \\ \phi_e &= (h_{er} - h_{el})/B_c \end{aligned} \tag{7.10}$$

式中：P_{cr}、P_{cl}、C_{er}、C_{el}、h_{er}、h_{el} 分别为右侧与左侧的气垫压力、泄流系数与泄流高。

7.2　六自由度运动与力仿真模块

气垫船高速运行于水气表面，在横向平面与垂向平面的六自由度运动中，其主要的动力学系统由垂向平面的气垫动力学与围裙动力学，以及横向平面的表面波动力学与外部气动力学 4 部分组成。气垫动力学是核心，气垫以表面波为下边界、以围裙为周边边界、以船体为上边界。船体垂向运动时，气垫压力、围裙触水力与外部气动力产生的垂向力构成了船的垂向平面动力学，气垫动力学则同时是围裙动力学与表面波动力学的输入。表面波动力学包括气垫兴波与外界波浪的叠加作用，气垫兴波除取决于气垫压力外，还与外部气动力及波浪扰动力引起的气垫压力变化相关。船体横向运动时，兴波与波浪力、外部气动力、围裙触水力及泄流动量力构成了船的横向平面动力学。

7.2.1　表面波动力学

表面波动力学模块包括基于自由表面上气垫压力 $P_c(x,y,t)$ 以横向平面运动速度 u、v、r 移动时产生的稳态兴波 ξ_c，以及不规则波波谱 $S(\omega)$ 决定的各波长入射波分量以遭遇波速 V_w 通过气垫域时产生的周期型扰动波浪。稳态兴波与周期型扰动波浪通过波形叠加最终形成了复合表面波形 $\xi(x,y,t)$，由此波形可获得纵向、横向与回转的水动力 X_{cw}、Y_{cw}、N_{cw}。

$$\xi(x,y,t) = \xi_c(x,y,t) + \sum_{w_e=0}^{\infty} \xi_w(x,y,t)$$

$$X_{cw} = -\iint_{-\infty}^{\infty} P_c(x,y,t)\frac{\partial \xi}{\partial x}dxdy = F_x(u,v,r)$$

$$Y_{cw} = -\iint_{-\infty}^{\infty} P_c(x,y,t)\frac{\partial \xi}{\partial y}dxdy = F_y(u,v,r) \quad (7.11)$$

$$N_{cw} = \iint_{-\infty}^{\infty} P_c(x,y,t)\left(x\frac{\partial \xi}{\partial y} - y\frac{\partial \xi}{\partial x}\right)dxdy = N_z(u,v,r)$$

稳态兴波波形及兴波力可采用势流理论的 Rankine 稳态实时面元法 "SWANZ" 求解。

$$\nabla^2 \phi = 0 \quad (\text{控制方程})$$

$$\left[\frac{\partial}{\partial t} - \boldsymbol{u} \cdot \nabla\right]\xi_c = \phi_z \quad (\text{自由表面运动学边界条件}) \quad (7.12)$$

$$\left[\frac{\partial}{\partial t} - \boldsymbol{u} \cdot \nabla\right]\phi = -g \cdot \xi_c - \frac{P_c}{\rho_w} \quad (\text{自由表面运力学边界条件})$$

式中：$\boldsymbol{u}$ 为气垫船纵、横向速度与回转速度 u、v、r 的矢量积，由横向平面动力学模块输入；ξ_c 为兴波波高；ϕ 为速度势；P_c 为水表面气垫面积内压力分布，$P_c = P_c(x,y,t)$，由气垫动力学模块输入。势流计算结果获得的波高生成一套 B 样条曲面函数。

对于船体坐标系中一个稳态压力面 $P_c(x,y)$ 以速度 $\boldsymbol{V} = u\boldsymbol{i} + v\boldsymbol{j}$ 运行，流场的绕射速度势可表达为[39]

$$\Phi = -ux - vy + \phi \quad (7.13)$$

其速度矢量 $\boldsymbol{V} = \nabla \Phi = \left(-u + \frac{\partial \phi}{\partial x}\right)\boldsymbol{i} + \left(-v + \frac{\partial \phi}{\partial y}\right)\boldsymbol{j} + \frac{\partial \phi}{\partial z}\boldsymbol{k}$

非线性自由面在随船坐标系下的定解边界条件如下：

(1) 由流体不可压条件，速度势满足拉普拉斯方程：

$$\nabla \Phi^2 = \frac{\partial^2 \Phi}{\partial x^2} + \frac{\partial^2 \Phi}{\partial y^2} + \frac{\partial^2 \Phi}{\partial z^2} = 0 \quad (7.14)$$

(2) 动力学边界条件中兴波流场动能为

$$\frac{1}{2}|\nabla \Phi|^2 - \frac{1}{2}(u^2 + v^2) = \frac{1}{2}|\nabla \phi|^2 - \left(u\frac{\partial \phi}{\partial x} + v\frac{\partial \phi}{\partial y}\right) \quad (7.15)$$

动力学边界在外水面上满足：

$$\frac{\partial \phi}{\partial t} + g\xi_c + \frac{1}{2}|\nabla \phi|^2 - \left(u\frac{\partial \phi}{\partial x} + v\frac{\partial \phi}{\partial y}\right) = 0$$

动力学边界在内水面上满足：

$$\frac{\partial \phi}{\partial t}+g\xi_c+\frac{1}{2}|\nabla \phi|^2-\left(u\frac{\partial \phi}{\partial x}+v\frac{\partial \phi}{\partial y}\right)+\frac{P_c(x,y)}{\rho_w}=0$$

（3）运动学边界条件内外水面均满足：

$$\frac{\mathrm{d}}{\mathrm{d}t}[z-\xi_c(x,y,t)]=0, \quad z=\xi_c(x,y,t)$$

由 $\dfrac{\mathrm{d}z}{\mathrm{d}t}=\dfrac{\partial \phi}{\partial z}$，$\dfrac{\mathrm{d}x}{\mathrm{d}t}=\dfrac{\partial \phi}{\partial x}-u$，$\dfrac{\mathrm{d}y}{\mathrm{d}t}=\dfrac{\partial \phi}{\partial y}-v$ 可知，运动学边界条件为

$$\frac{\partial \phi}{\partial z}=\frac{\partial \xi_c}{\partial t}+\left(\frac{\partial \phi}{\partial x}-u\right)\frac{\partial \xi_c}{\partial x}+\left(\frac{\partial \phi}{\partial y}-v\right)\frac{\partial \xi_c}{\partial y} \tag{7.16}$$

当 u/v 与 P_c 为常数情况下流场为定常运动，有

$$\frac{\partial \phi}{\partial t}=\frac{\partial \xi_c}{\partial t}=0$$

（4）对于有限水深流场满足水流不可穿透条件：

$$\left.\frac{\partial \phi}{\partial n}\right|_{z=-H}=0 \tag{7.17}$$

当稳定压力面 $P_c(x,y)$ 绕船体坐标系原点有一转动角速度 r 时，参见图 7.4，在船速 u、v 上叠加一个旋转角速度 r 后的速度矢量变为

$$\boldsymbol{V}=(u-r\cdot R\sin\alpha)\boldsymbol{i}+(v+r\cdot R\cos\alpha)\boldsymbol{j}=(u-ry)\boldsymbol{i}+(v+rx)\boldsymbol{j} \tag{7.18}$$

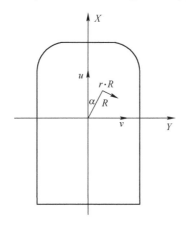

图 7.4　船体三自由度平面运动速度矢量

由于角速度 r 速度矢量在气垫计算域内每点 (x,y) 都不一样，式（7.13）~式（7.17）中速度势 ϕ 中的 u、v 将是 x、y 的函数。在式（7.13）~式（7.17）的气垫兴波流场计算中采用 Rankine 面元法，速度矢量用式（7.18）代入。

稳态压力面 $P_c(x,y)$ 在其边缘 $\left(-\dfrac{L_c}{2},\dfrac{L_c}{2}\right)\left(-\dfrac{B_c}{2},\dfrac{B_c}{2}\right)$ 的分布对兴波速度势有着重要的影响，一般可采用 Doctors 的双曲正切压力模型，如图 7.6 所示，即稳态压力面 $P_c(x,y)$ 的分布为

$$P_c(x,y) = \dfrac{P_c}{4}\left\{\tanh\left[\alpha\left(x+\dfrac{L_c}{2}\right)\right] - \tanh\left[\alpha\left(x-\dfrac{L_c}{2}\right)\right]\right\} \\ \cdot \left\{\tanh\left[\beta\left(y+\dfrac{B_c}{2}\right)\right] - \tanh\left[\beta\left(y-\dfrac{B_c}{2}\right)\right]\right\} \quad (7.19)$$

式中：$|x| \leqslant \dfrac{L_c}{2}+\Delta x$，$|y| \leqslant \dfrac{B_c}{2}+\Delta y$，$\Delta x$、$\Delta y$ 为气垫压力面延伸量，$\Delta x = \alpha \cdot L_c$，$\Delta y = \beta \cdot B_c$；$\alpha$ 与 β 分别为纵、横向压力面扩散因子，与气垫边缘泄流系数正相关，该值越小平滑扩散越小，气垫压力越接近于均匀分布。

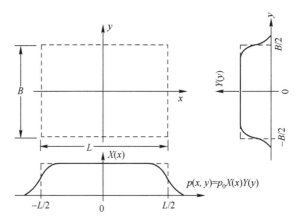

图 7.5 气垫压力面双曲正切压力分布模型

上述气垫压力面扩散模型也可通过气垫动力学模型将其气垫边界向外扩散后获得相应的周边压力分布。

入射波波形及波浪力采用高阶非线性面元法"WAMIT"求解。基于弱散射假设用泰勒级数展开的大幅非线性时域波，对于不规则波谱 $S(\omega)$ 每个频率波长分量都产生一套 B 样条曲面函数，形成入射波样条曲面。

在大地坐标系中无限水深不规则波谱 S_{ω_i} 所生成的随机波形为

$$\xi_w = \sum_{i=1}^{N} A_i \sin(\omega_i t - \varepsilon_i) \quad (7.20)$$

式中：波幅 $A_i = \sqrt{2 S_{\omega_i} \Delta \omega_i}$；$\omega_i$、$\varepsilon_i$ 分别为波频与随机相位角（在 $0 \sim 2\pi$ 中均匀分布）。

该随机波形中每个频率波长分量 ω_i（或 λ_i）已决定波速 $V_{\omega_i} = \omega_i/k_i$（$k_i = 2\pi/\lambda_i$，为波数），加上船速 V 后通过气垫船下部计算域空间，与稳态兴波波形叠加。外界随机波形相对船的遭遇波速为

$$V_{e_i} = V_{\omega_i} - (u\cos\alpha + v\sin\alpha) \tag{7.21}$$

式中：u、v 为船速；α 为船的相对浪向角，$\alpha = \psi - \psi_w$；V_{ω_i} 为对应波频 ω_i 的波速；ω_i 越小波长越长波速 V_{ω_i} 越大，存在"色散"现象。

根据 $\omega_e = \dfrac{2\pi}{T_e} = \dfrac{2\pi}{\lambda} V_e$，由式（7.21）可获得遭遇频率为

$$\omega_{e_i} = \omega_i - \dfrac{\omega_i^2}{g}(u\cos\alpha + v\sin\alpha) \tag{7.22}$$

由波数 $K = \dfrac{\omega_i^2}{g} = \dfrac{2\pi}{\lambda_i}$，并将式（7.22）代入不规则波谱 S_{ω_i} 将其转换为遭遇频率波谱 $S_{\omega_{e_i}}$，据此，式（7.20）可转换成船体坐标系下的遭遇波形：

$$\xi_w = \sum_{i=1}^{N} A_i \sin\left[\omega_i t - \dfrac{2\pi}{\lambda_i}(x\cos\alpha + y\sin\alpha) - \varepsilon_i\right] \tag{7.23}$$

$$A_i = \sqrt{2S_{\omega_{e_i}}\Delta\omega_e} = \sqrt{2S_{\omega_i}\Delta\omega_i}$$

表面波动力学模块由计算兴波波形的 SWANZ、计算入射波波形的 WAMIT 及几何处理自由表面波形的 B 样条函数 NURBS 组成，据此组合波形计算相应的横向平面力。该模块的输出包括 $\xi(x,y,t)$ 与 $\dot{\xi}(x,y,t)$，给气垫动力学模块作为下边界运动学条件，以及横向水动力 X_{cw}、Y_{cw}、N_{cw} 作为横向平面运动的输入。表面波动力学模块输入输出关系如图 7.6 所示。

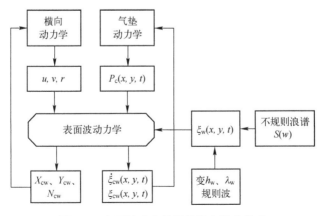

图 7.6 表面波动力学模块输入输出关系

在表面波动力学模块中，为验证理论计算子模块，应建有对应的试验数据库子模块。试验数据库模块包括在姿态 z、θ、ϕ 自由度下的 u、v、r 水动力试验结果。水动力船模试验应在扣除气动力条件下进行，定 u、v、r 测 F_x、F_y、N_z 与 z_0、θ_0、ϕ_0，$r=0$ 为斜拖试验，$r\neq 0$ 为回转试验（或平面运动机构试验）。在通过试验结果对兴波理论计算结果进行验证时，应注意试验的水动力除兴波力外还包括泄流动量力与围裙触水力。静水力试验的船体姿态参数包括由气垫泄流与兴波引起的两个部分，即

$$\begin{aligned}z_0 &= z_e + z_{cw}\\ \theta_0 &= \theta_e + \theta_{cw}\\ \phi_0 &= \phi_e + \phi_{cw}\end{aligned} \qquad (7.24)$$

与横向运动有关的兴波姿态参数获取公式为

$$\begin{aligned}z_{cw} &= \frac{1}{L_c B_c}\int_{-\frac{L_c}{2}}^{\frac{L_c}{2}}\int_{-\frac{B_c}{2}}^{\frac{B_c}{2}}\xi_c(x,y)\,\mathrm{d}x\mathrm{d}y\\ \theta_{cw} &= \frac{1}{L_c B_c}\int_{-\frac{L_c}{2}}^{\frac{L_c}{2}}\int_{-\frac{B_c}{2}}^{\frac{B_c}{2}}\frac{\partial \xi_c}{\partial x}\mathrm{d}x\mathrm{d}y\\ \phi_{cw} &= \frac{1}{L_c B_c}\int_{-\frac{L_c}{2}}^{\frac{L_c}{2}}\int_{-\frac{B_c}{2}}^{\frac{B_c}{2}}\frac{\partial \xi_c}{\partial y}\mathrm{d}x\mathrm{d}y\end{aligned} \qquad (7.25)$$

与垂向运动有关的气垫泄流姿态参数 z_e、θ_e、ϕ_e 由气垫动力学模块中与船体运动、气垫流量、裙高和波高相关的泄流高 $h_e(x,y)$ 决定，公式为

$$\begin{aligned}\theta_e &= (z_b - z_s)/L_c\\ z_b &= \frac{1}{B_c}\int_{-\frac{B_c}{2}}^{\frac{B_c}{2}}h_e\left(\frac{L_c}{2},y\right)\mathrm{d}y, \quad z_s = \frac{1}{B_c}\int_{-\frac{B_c}{2}}^{\frac{B_c}{2}}h_e\left(-\frac{L_c}{2},y\right)\mathrm{d}y\\ \phi_e &= (z_r - z_l)/B_c\\ z_r &= \frac{1}{L_c}\int_{-\frac{L_c}{2}}^{\frac{L_c}{2}}h_e\left(x,\frac{B_c}{2}\right)\mathrm{d}x, \quad z_l = \frac{1}{L_c}\int_{-\frac{L_c}{2}}^{\frac{L_c}{2}}h_e\left(x,-\frac{B_c}{2}\right)\mathrm{d}x\\ z_e &= [(z_b + z_s)B_c + (z_r + z_l)L_c]/2(L_c + B_c)\end{aligned} \qquad (7.26)$$

$h_e(x,y)$ 为正值时产生泄流动量力，为负值时即为围裙触水高，产生围裙触水力。

对于有外部气动力或定常外部力（操纵力、压载力）作用下的兴波问题，需将气垫动力学模块计算获得的 $P_c(x,y)$ 代入式（7.12）计算兴波，动态时该兴波波形需返回气垫动力学模块进行迭代，最终获得兴波与泄流姿态角，以及

表面波水动力。

对于不同浪高与漂角下的水动力试验结果，其泄流动量力、兴波力与波浪力可分解成零阶定常力、波浪二阶力（阻力增量），以及短周期一阶波动力，包括泄流动量力与围裙触水力，此时式（7.11）也可表达为

$$F_x = -\iint (P_{c0} + \Delta P_c)(\theta_0 + \Delta\theta) \mathrm{d}x\mathrm{d}y$$

$$F_y = -\iint (P_{c0} + \Delta P_c)(\phi_0 + \Delta\phi) \mathrm{d}x\mathrm{d}y \quad (7.27)$$

$$N_z = \iint (P_{c0} + \Delta P_c)[x(\phi_0 + \Delta\phi) - y(\theta_0 + \Delta\theta)] \mathrm{d}x\mathrm{d}y$$

式中：$\theta_0 = \theta_e + \frac{\partial \xi_c}{\partial x}$，$\phi_0 = \phi_e + \frac{\partial \xi_c}{\partial y}$，第一项为气垫泄流角 θ_e 与 ϕ_e，与泄流动量力/围裙触水力相关，第二项为兴波波倾角 θ_{cw} 与 ϕ_{cw}，与兴波阻力相关；$\Delta\theta = \Delta\theta_e + \frac{\partial \xi_w}{\partial x}$，$\Delta\phi = \Delta\phi_e + \frac{\partial \xi_w}{\partial y}$，第一项为波浪中泄流角变化值，与波浪中的泄流动量力/围裙触水力变化值相关，第二项为入射波波倾角 $\Delta\theta_w$ 与 $\Delta\phi_w$，与波浪附加阻力相关。

式（7.27）中，右侧第一项为零阶定常兴波力及泄流动量力/围裙触水力，反映了 z、θ、ϕ 自由或固定时的静水 u、v、r 试验测得的水平力。第二项与第三项为波浪引起垫压或纵/横摇角变化产生的一阶短周期水平波动力。第四项则为垫压与纵/横摇角同时变化产生的定常波浪二阶力，是阻力增量，包括波浪阻力增量与泄流动量力/围裙触水力增量。对于兴波力、零阶定常力、波浪一阶波动力与二阶定常力在方程（7.11）中进行计算，与泄流高度 $h_e(x, y, t)$ 相关的泄流动量力与围裙触水力则需在气垫动力学与围裙动力学的垂向运动模块中计算。

图7.6表面波动力学模块输入输出关系表示：由气垫压力 P_c 在横向平面运动的 u、v、r 所产生的气垫兴波 ξ_{cw}，如图2.2、图2.3所示，不仅决定了气垫船的水动纵横倾角 θ_w、ϕ_w，同时兴波波形对气垫分隔稳性也起着决定性的影响。纵向运动 u 一般在 $F_n = 0.6$ 附近产生的气垫兴波在横隔裙下凹陷最大，此时纵向气垫分隔最差，也导致分隔纵稳性最差。横向运动 v 则一般在 $F_{rB} = 0.4$ 附近由于纵隔裙下凹陷最大导致分隔横稳性最差。在侧漂斜航时，可根据表面波动力学输出的如图2.2与图2.3所示的 $\xi_{cw}(x, y)$ 分布，代入公式（7.40）气垫流量连续性方程中的飞高间隙 $h_e(x, y)$ 用以计算周边围裙下泄流流量以及纵横隔裙下的横流流量，由此确定 $P_c(x, y)$，在波浪里运动时这

些都是时间的函数。根据上述计算最终由式（7.11）计算横向平面力 X_{cw}、Y_{cw} 与 N_{cw}。

7.2.2 气垫动力学

气垫动力学模块输入输出关系如图 7.7 所示。

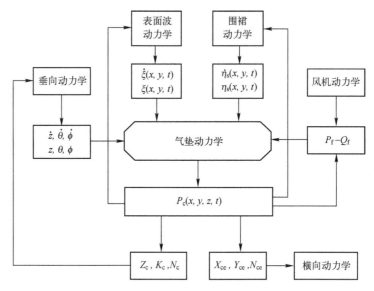

图 7.7 气垫动力学模块输入输出关系

气垫动力学满足三维可压波动方程[16]：

$$\frac{\partial^2 \Phi}{\partial t^2} = c^2 \nabla^2 \Phi$$

速度势满足可动边界条件：

$$\nabla \Phi = V_{边界} \tag{7.28}$$

由此求解气垫压力 $P_c(x,y,t) = P_0 - \rho_a \dfrac{\partial \Phi}{\partial t}$。

式中：声速 $c = \sqrt{\dfrac{\partial P}{\partial \rho_a}}$，遵循绝热条件。

波动方程动力学边界条件以围裙大囊上部的风机动力学 P_f-Q_f 流量压头特性为输入条件，围裙下周边泄流高度 h_e 外侧大气压 P_0 为输出条件。运动学边界条件为：上边界为船体湿甲板 $z+x\theta+y\phi$ 运动边界，下边界为包括兴波波形与外界入射波形的运动边界 $\xi(x,y,t)$，周边边界是相对于船体（湿甲板向下）

的周边围裙运动边界 $\eta_s(x,y,t)$。图 7.8 所示为气垫船置于全浸边界固定网格的气垫边界。

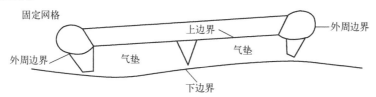

图 7.8 置于全浸边界固定网格的气垫边界

三维波动方程求解中,整个气垫船,包括船体与围裙,用一个以船体坐标系为基准的修正 NURBS 样条曲面组合来表达,几何准备在支持 NURBS 的 CAD 模型中进行。修正曲面结合标准的 B 样条曲面,使用两个独立参数、系列规则控制点与权来定义,采用一组垂向剖面组成下部开口的封闭曲面。该 B 样条曲面与一同置于全浸边界固定网格 IBM 的下部波形 B 样条横向曲面(以重心下水平面为基准)在运动中相交,形成围裙下表面(垂向)与水面波表面(横向)交贯后的泄流或触水水线。

围裙底端与水表面交界后的泄流高 h_e 或触水高 h_w 确定公式为

$$h_e(x,y,t) = z_c - \xi(x,y,t) - h_s(x,y,t) - z(t) + x\theta(t) - y\phi(t) \tag{7.29}$$

式中:$h_e=0$ 为静水线面,$h_e>0$ 为泄流高,$h_e<0$ 则触水高 $h_w=-h_e$;z_c 为初始气垫高(船底甲板至静水面距离);h_s 为 η_s 的围裙下边界高度。

在上下边界运动与周边边界运动的三维波动方程求解中,空气流体与周围边界需满足下列运动学与动力学边界条件。

在围裙及上部船底与下部水表面的运动边界上第 x_k 点满足:

$$\begin{cases} \dfrac{\partial x_k}{\partial t} = u(x_k, t) \\ f_m(x,t) = \sum_K F_K(t) \cdot \delta(|x - x_K|) \end{cases} \tag{7.30}$$

即边界(结构)运动速度与空气流速相等,边界(围裙结构)应力位移与空气动量力平衡。

采用 ghost-cell 有限差分法对波动方程运动边界进行插值计算。ghost-cell 是紧邻运动边界的外侧网格点,由于边界的运动,在固定坐标网格点的流体会进或出流域边界,从而造成边界附近网格点在空间与时间上的不连续性,在 ghost-cell 邻近边界侧点对速度势可采用各种插值方法来解决。

由式(7.29)获得下部出口大气压力边界条件,上部进口边界条件由风机风道进入围裙大囊的流量压力特性给出:

$$\begin{cases} H_f = A_f + B_f Q_f - C_f Q_f^2 \\ H_f = P_b(i,j) + D(i,j) Q_b^2(i,j) \end{cases} \quad (7.31)$$

式中：H_f、Q_f 为风机的出口压头与流量；$P_b(i,j)$、$Q_b(i,j)$ 为周边大囊压头与流量；$D(i,j)$ 为从风机出口到周边大囊的压头损失系数。

式（7.31）为准静态的风机风道动力学方程，在波浪中高速运行时特别是在短波高频时需考虑风机风道的动态特性影响，在低频动态变化时，基本上沿式（7.31）的 H_f-Q_f 曲线变化，运动频率升高后压力流量的变化不再同相位。

对于离心式风机随频率升高压力滞后流量形成越来越大的滞环，其动态特性可近似表达为

$$\frac{\Delta H_f}{\Delta Q_f} = -Z_f = -\frac{R_f}{1+\tau_f s} \quad (7.32)$$

式中：Z_f 为风机动态阻抗；R_f 为气阻（风机特性斜率），$R_f = -\frac{\partial H_f}{\partial Q_f}$；$\tau_f = R_f \cdot C_f$，$C_f$ 为与风扇叶轮有关的压缩性气容。

实际上根据文献［40］，离心风机动态阻抗更接近为

$$Z_f = \frac{R_f}{\sqrt{1+\tau_f s}} \quad (7.33)$$

式中：$\tau_f = \frac{\cos\lambda}{2n\phi\omega}$。

风机时间常数 τ_f 取决于风机叶轮角 λ、叶片数 n、流量系数 ϕ 以及转速 ω。

对于轴流式风机随频率升高流量滞后于压力同样形成类似的滞环，其动态特性可近似表达为

$$\frac{\Delta Q_f}{\Delta t} = \frac{H_f(Q_f) - P_b}{I_{fb}} \quad (7.34)$$

式中：I_{fb} 为风机扩压气道的气感，$I_{fb} = \rho_a l_d A_d$，l_d、A_d 分别为气道长度与横截面积。

气垫船垂向运动升沉力、纵横摇力矩由输出的气垫压力积分获得，即

$$\begin{cases} Z_c(t) = -\iint_{-\infty}^{\infty} P_c(x,y,t) \mathrm{d}x\mathrm{d}y = F_z(z,\theta,\phi) \\ K_c(t) = -\iint_{-\infty}^{\infty} P_c(x,y,t) y \mathrm{d}x\mathrm{d}y = M_x(z,\theta,\phi) \\ M_c(t) = -\iint_{-\infty}^{\infty} P_c(x,y,t) x \mathrm{d}x\mathrm{d}y = M_y(z,\theta,s\phi) \end{cases} \quad (7.35)$$

x、y 的积分域为围裙指表面垂向 B 样条曲面与水表面横向 B 样条曲面交贯获得的水线面区域,该水线面上 $P_c(x,y,t)$ 气垫压力包含气垫分隔或套指分割的影响。式 (7.35) 垂向气垫力包含风浪以及船体与围裙各种运动的影响。

气垫压力产生的横向平面力反映在泄流动量力上,由式 (7.10) 可得

$$X_{ce}(t) = -2\left[\int_{-\frac{B_c}{2}}^{\frac{B_c}{2}} 0.7 P_c\left(\frac{L_c}{2},y,t\right) h_e\left(\frac{L_c}{2},y,t\right) dy - \int_{-\frac{B_c}{2}}^{\frac{B_c}{2}} 1.5 P_c\left(-\frac{L_c}{2},y,t\right) h_e\left(-\frac{L_c}{2},y,t\right) dy\right]$$

$$Y_{ce}(t) = -2\left[\int_{-\frac{L_c}{2}}^{\frac{L_c}{2}} 0.7 P_c\left(x,\frac{B_c}{2},t\right) h_e\left(x,\frac{B_c}{2},t\right) dx - \int_{-\frac{L_c}{2}}^{\frac{L_c}{2}} 0.7 P_c\left(x,-\frac{B_c}{2},t\right) h_e\left(x,-\frac{B_c}{2},t\right) dx\right]$$

$$N_{ce}(t) = 2\int_{-\frac{B_c}{2}}^{\frac{B_c}{2}} \left[0.7 Ph\left(\frac{L_c}{2},y,t\right) y - 1.5 Ph\left(-\frac{L_c}{2},y,t\right) y\right] dy$$

$$- 2\int_{-\frac{L_c}{2}}^{\frac{L_c}{2}} \left[0.7 Ph\left(x,\frac{B_c}{2},t\right) x - 0.7 Ph\left(x,-\frac{B_c}{2},t\right) x\right] dx$$

(7.36)

式中:Ph 函数为 X_{ce}、Y_{ce} 积分内对应的子项;系数 0.7 与 1.5 为舯侧指裙与艉部囊形围裙的泄流系数。式 (7.36) 中,当 $h_e<0$ 时取 $h_e=0$,这时围裙触水,由此产生的围裙触水水动力计算见后面围裙动力学模块。

为简化计算气垫动力学模块,除了采用上述分布参数的三维波动方程求解,也可近似采用集中参数法计算气垫动力学模块,气垫模型简化为 4 个气室与 8 个周边围裙,分割编号如图 7.9 所示。

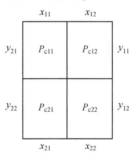

图 7.9 气垫与周边围裙分割编号

气垫动力学方程由从风机风道到周边大囊再到各个气垫最后泄出到大气的整个流量连续性方程与伯努利方程组成。它的输入是船体运动 z、θ、ϕ,围裙运动 h_s,气垫兴波 ξ_c 与波浪运动 ξ_w 引起气垫周边与稳定分隔裙下飞高 h_e 变化产生的泄流流量变化,以及这些运动速度项产生的船体泵吸流量 $\dot{V}_c$,围裙泵吸

大囊流量 $\dot{V}_b$ 与气垫流量 $\dot{V}_s$，波浪泵吸流量 $\dot{V}_w$，这些流量的变化满足绝热压缩条件。通过上述流量连续性方程与伯努利方程，可获得相应的垫压 P_c、囊压 P_b 与风机总压 P_f 的变化值，以及垂向气垫力与横向泄流动量力。

集中参数的气垫动力学基本方程如下。

(1) 风机特性方程（忽略风机风道动态特性影响）：

$$P_{f(j)} = A_f + B_f Q_{fj} - C_f Q_{fj}^2, \quad j=1,2, \text{为左右风机} \tag{7.37}$$

(2) 前后风道囊压方程：

$$\begin{cases} P_{b(i,j)} = P_{f(j)} - D_{(i,j)} \cdot Q_{b(i,j)}^2, & i=1,2, \text{为前后气道} \\ Q_{fj} = Q_{b(1,j)} + Q_{b(2,j)}, & D(i,j), \text{为前后气道损失系数} \end{cases} \tag{7.38}$$

(3) 大囊流量连续性方程：

$$Q_{b(i,j)} = Q_{bc(i,j)} + \dot{V}_{b(i,j)} + C_{b(i,j)} \dot{P}_{b(i,j)} \tag{7.39}$$

式中：$Q_{bc(i,j)}$ 为大囊进气垫流量，$Q_{bc(i,j)} = C_{(i,j)} A_{b(i,j)} \cdot \sqrt{\dfrac{2}{\rho_a}[P_{b(i,j)} - P_{c(i,j)}]}$；$C_{(i,j)}$ 与 $A_{b(i,j)}$ 分别为囊孔泄流系数与泄流面积，$C_{(i,j)} \approx 0.8$；$\dot{V}_{b(i,j)}$ 为周围围裙大囊运动产生的大囊体积流量；$C_{b(i,j)}$ 为大囊压缩性气容，$C_{b(i,j)} = \dfrac{V_{b(i,j)}}{1.4[P_{b(i,j)} + P_a]}$，$P_a$ 为大气压。

(4) 气垫流量连续性方程：

$$Q_{bc(i,j)} = Q_{e(i,j)} + Q_{T(i,j)} + Q_{c(i,j)} \tag{7.40}$$

各气室周边泄流流量：

$$Q_{e(i,j)} = C_{e(i,j)} \sqrt{\dfrac{2}{\rho_a} P_{c(i,j)}} \cdot A_{e(i,j)}$$

式中：$C_{e(i,j)}$ 为对应气室的气垫泄流系数，艏/侧裙为 0.7，艉裙为 1.5。
$C_e A_{e(i,j)}$ 为对应气室的有效周边泄流面积：

$$\begin{cases} C_e \cdot A_{e(1,1)} = 0.7 \int_0^{\frac{L_c}{2}} h_e\left(x, -\dfrac{B_c}{2}\right) dx + 0.7 \int_0^{\frac{B_c}{2}} h_e\left(\dfrac{L_c}{2}, y\right) dy \\ C_e \cdot A_{e(1,2)} = 0.7 \int_0^{\frac{L_c}{2}} h_e\left(x, \dfrac{B_c}{2}\right) dx + 0.7 \int_0^{\frac{B_c}{2}} h_e\left(\dfrac{L_c}{2}, y\right) dy \\ C_e \cdot A_{e(2,1)} = 0.7 \int_0^{-\frac{L_c}{2}} h_e\left(x, -\dfrac{B_c}{2}\right) dx + 1.5 \int_0^{\frac{B_c}{2}} h_e\left(-\dfrac{L_c}{2}, y\right) dy \\ C_e \cdot A_{e(2,2)} = 0.7 \int_0^{-\frac{L_c}{2}} h_e\left(x, \dfrac{B_c}{2}\right) dx + 1.5 \int_0^{\frac{B_c}{2}} h_e\left(-\dfrac{L_c}{2}, y\right) dy \end{cases}$$

第7章 六自由度操纵运动仿真

泄流高 $h_{e(x,y)}$ 由式（7.29）获得。

各气室之间横流流量：

$$Q_{T(i,j)} = C_e \int_0^{\frac{L_c}{2}} h_e(x,0) dx \cdot \sqrt{\frac{2}{\rho_a} |P_{c(i,j)} - P_{c(i,j\pm 1)}|} \text{sgn}[P_{c(i,j)} - P_{c(i,j\pm 1)}] +$$

$$C_e \int_0^{\frac{B_c}{2}} h_e(0,y) dy \cdot \sqrt{\frac{2}{\rho_a} |P_{c(i,j)} - P_{c(i\pm 1,j)}|} \text{sgn}[P_{c(i,j)} - P_{c(i\pm 1,j)}]$$

(7.41)

各气室纵/横隔裙下横向流量，$i,j=1$ 时式（7.41）取 "+"，$i,j=2$ 时取 "−"。纵横隔裙下泄流系数在无射流分隔时 $C_e \approx 0.8$；有射流分隔时，该泄流系数随喷射压头增加而减小，从而减小气室间横流流量提高气室分隔度。

各气室的气垫流量为

$$\begin{cases} Q_{c(i,j)} = \dot{V}_{c(i,j)} + C_{c(i,j)} \dot{P}_{c(i,j)} \\ \dot{V}_{c(i,j)} = \iint [-\dot{z} + x\dot{\theta} - y\dot{\phi} - \dot{\xi}_w(x,y)] dxdy + \dot{V}_{s(i,j)} \end{cases}$$

式中：积分项为船体运动与波浪运动单气室泵吸流量；$\dot{V}_s(i,j)$ 为单气室周边围裙运动产生的气垫泵吸流量；$C_{c(i,j)}$ 为气垫压缩性气容，$C_{c(i,j)} = \dfrac{V_{c(i,j)}}{1.4[P_{c(i,j)} + P_a]}$。

联立式（7.37）~式（7.40）的风机-风道-大囊-气垫的"气垫动力学"方程，在输入 z、θ、ϕ、ξ_c、ξ_w 与 h_s 的条件下计算 $P_{c(i,j)}$、$P_{b(i,j)}$。据此由式（7.35）、式（7.36）计算气垫垂向力和平面泄流动量力。

气垫压缩性气容 C_c 与气垫船高速静水运行时的"鹅卵石效应"垂向高频振动密切相关，特别是对于围裙变形响应很小且手指泄流三角区全部削平的全垫升船或侧壁/双体气垫船很易发生这种"蹦蹦跳"的垂向运动。图7.10显示了无围裙变形响应的升沉运动框图，令准静态气垫刚度 $\dfrac{\Delta P_c}{\Delta h_e} = P_{ch}$，忽略大囊以上流道压缩性影响，气垫压力动态响应为

$$\frac{\Delta P_c}{\Delta H_e} = P_{ch} \frac{1 + \tau_h S}{1 + \tau_c S}$$

(7.42)

式中：S 为拉式算子，为时间常数；$\tau_h = \dfrac{S_c h_e}{Q_c}$，与气垫体积变化引起的质量流量相关，使垫压超前流量变化，与气垫阻尼力成正比；τ_c 为气垫阻抗与压缩性气容的乘积，气垫密度的变化使垫压滞后流量变化，从而使相位超前的阻尼

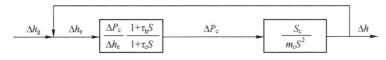

图 7.10 无围裙变形的升沉运动框图

力减小，$\tau_c = R_c \cdot C_c$。

当 $\tau_c/\tau_h \to 1$，即气垫完全被封死时垂向运动引起的体积变化流量与密度变化流量相等，质量流量不变，气垫阻尼力为零，升沉运动变为不稳定的高频振动。

在气垫动力学模块中为验证上述理论计算子模块，应建立对应的试验数据库子模块。试验模块包括静水稳性试验（含自由衰减试验）与波浪试验两个分模块。静水稳性试验为定常压载或固定 z、θ、ϕ 的 u、v、r 试验，测得的垂向力 Z、K、M 与 z、θ、ϕ 姿态值可获各自由度稳性值以及各自由度之间的耦合稳性值。在不同 u、v 条件下，z、θ、ϕ 的自由衰减试验可获得垂向状态量 $\dot{z}$、$\dot{\theta}$、$\dot{\phi}$ 动导数对垂向力与横向力的影响。为消除气动力不相似影响，水池试验需在扣风条件下进行。测得的垂向力含气垫力与围裙触水力，测得的水平力反映了垂向运动对横向平面力的影响，包括兴波/波浪力、泄流动量力、围裙触水力等。

在船模波浪动态试验中，由于气垫压缩性气容的不相似，模型试验不能反映实船在高速小波浪中蹦蹦跳的"鹅卵石效应"。该参数主要影响高频段的加速度响应，使实船加速度在高速时比模型试验值大了很多，这对横向平面力也产生了一定的影响。对于中低频段模型的运动与加速度响应基本上仍可用于实船预报。图 7.11 显示了关于 JEFFB 船实船与船模在不同航速时的重心加速度理论预报与试验结果，由图可见，航速越高、遭遇频率越大时，船模试验预报的误差越大。

7.2.3 围裙动力学

围裙动力学模块输入输出关系如图 7.12 所示。围裙动力学是在内部囊压 P_b/垫压 P_c、气动力及下部水动力作用下的柔性结构动力学，其产生的裙高变化 η_s 与由其速度引起的气垫体积泵吸流量又反过来影响气垫动力学。围裙动力学可离散化采用矢量式结构有限元法 VMS 来求解。

采用矢量式有限元计算时，将围裙周向典型剖面以艇体内接点 O 为基准点，外接点 A、囊指（小囊）外接点 B、指（囊）底外点 C 等特征点为控制点，每个垂向剖面布 n_i 个计算点，下部手指与小囊适当加密，周向位置 n_j 个计算剖面，转角处适当加密。围裙 B 样条曲面垂向与周向布控点如图 7.13 所示。

第7章 六自由度操纵运动仿真

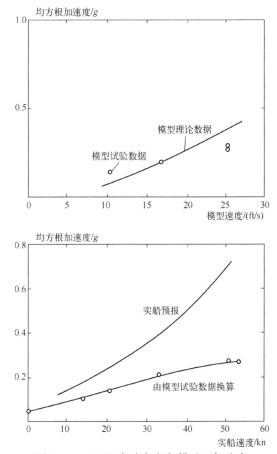

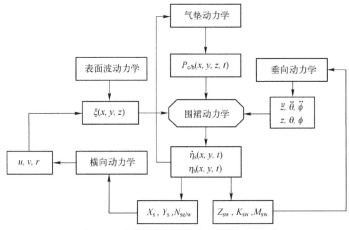

图 7.11 JEFFB 船实船与船模重心加速度

图 7.12 围裙动力学模块输入输出关系

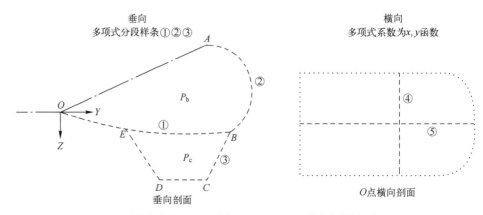

①—囊指内边界;②③—囊指外边界;④⑤—气垫内边界(固定型)。

图 7.13 围裙 B 样条曲面垂向与周向布控点

以上述 B 样条曲面布控点作为有限元单元的节点,将作用于连接节点的单元上的压力、外力(包括水动法向力、切向力与浮力等)、重力以及内力张力均匀分布于节点,由此通过积分求解各系列节点(质点)运动的速度和位移。二维围裙单元受力示意图如图 7.14 所示。

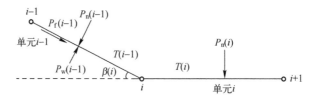

图 7.14 二维围裙单元受力示意图

图 7.14 中的第 i 个单元节点的内力与外力如下。

内力单元张力:

$$T_{(i)} = Et_B \cdot B[l_{n(i)} - l_{0(i)}]/l_{0(i)} \tag{7.43}$$

式中:E 为弹性模量;t_B、B 分别为材料厚度与宽度;l_n、l_0 分别为拉伸后及初始长度。

单元外力:

$$P_{n(i)} = \begin{cases} P_{ny(i)} = [P_n \sin\beta_i + P_f \cos\beta_i] B \cdot l_{n(i)} \\ P_{nz(i)} = [P_n \cos\beta_i + P_f \sin\beta_i] B \cdot l_{n(i)} - m_i \cdot g \end{cases} \tag{7.44}$$

式中:P_n 为法向压力;P_f 为切向力。

触水时 $P_n = P_n - \rho g h_w \cos\beta_i - P_w$ 增加了浮力与水动力。水动法向力 $P_w = C_1 \cdot$

$\frac{1}{2}\rho_w V_w^2$；水动切向力 $P_f = C_d \cdot \frac{1}{2}\rho_w V_w^2$。

根据 CFD 与势流理论计算，水动力是对应平板单元对水傅氏数 F_{ni} 和对水相对攻角 β_i 的函数，其升力系数 C_l、阻力系数 C_d 与湿水长度系数 l_w/l_i 可近似表达为

$$\begin{cases} C_l = F_{ni} \cdot \beta_i, \quad C_d = F_{ni} \cdot \beta_i^2, \quad l_w/l = 1.8 F_{ni} \\ F_{ni} = V_w/\sqrt{2gl} \end{cases} \quad (7.45)$$

图 7.15 显示了势流理论与 CFD 计算获得的单元平板湿水升阻力系数。

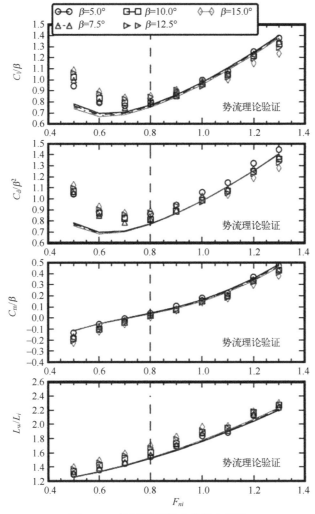

图 7.15 单元平板湿水升阻力系数

实际上二维平板滑行水动力对 F_n 与 β 都存在较强的非线性，当 $F_n = V_w/\sqrt{gl} > 2.8$ 时，由 Sedov（1965）给出了随 F_n 变化的水动力与力矩表达式

$$\begin{cases} \dfrac{N}{\frac{1}{2}\rho_w V_w^2 l} = \pi\left[1-\left(\pi+\dfrac{4}{\pi}\right)\dfrac{0.5}{F_n^2}\right]\times\beta \\ \\ \dfrac{M}{\frac{1}{8}\rho_w V_w^2 l^2} = \pi\left[1-\dfrac{8+3\pi^2}{3\pi}\dfrac{0.5}{F_n^2}\right]\times\beta \end{cases} \quad (7.46)$$

图 7.16 显示了上述正压力与力矩系数与 $F_n = \infty$ 时的比值随 F_n 变化曲线。

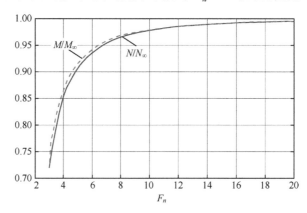

图 7.16　二维平板升力与力矩系数随 F_n 的变化曲线

由此可见，随 F_n 增大，升力与力矩系数很快达饱和状态，而不是线性增加。

对于平板升力与力矩值随水动攻角 β 的变化也存在强烈非线性，Sedov（1965）给出了在 $F_n = \infty$ 时的表达式

$$\begin{cases} \dfrac{N}{\frac{1}{2}\rho_w V_w^2 l} = \dfrac{2\pi}{\cot(0.5\beta)+\pi+\tan(0.5\beta)\ln[\cot^2(0.5\beta)-1]} \\ \\ \dfrac{l_p}{l} = \dfrac{1+0.5\cos\beta+2(1-\cos\beta)\ln 2+0.5\pi\sin\beta}{(1-\cos\beta)\ln[2\cos\beta/(1-\cos\beta)]+1+\cos\beta+\pi\sin\beta} \end{cases} \quad (7.47)$$

正压力 N 与压心距后缘值 l_p 的线性比例为 $N_{\text{liner}} = \dfrac{1}{2}\rho_w V_w^2 l \cdot \pi\beta$，$l_p/l = 0.75$。与平板滑行时飞溅阻力相关的射流厚度 δ 计算公式由 Kochin（1964）给出如下：

$$\frac{l}{\delta}=\frac{1}{\pi}\left[\frac{1+\cos\beta}{1-\cos\beta}+\pi\frac{\sin\beta}{1-\cos\beta}+\ln\frac{2\cos\beta}{1-\cos\beta}\right] \quad (7.48)$$

图 7.17 显示了 $F_n=\infty$ 时二维平板滑行升力、压心位置与飞溅射流厚度随水动攻角 β 的关系曲线。

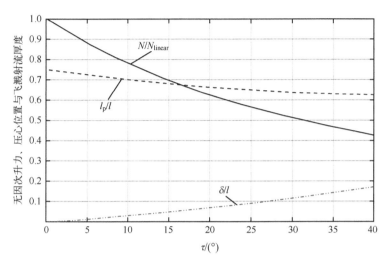

图 7.17 二维平板升力、压心及射流厚度随攻角变化

由图 7.17 可见，随攻角增加（低速）时，升力系数相对线性值是下降的，压心位置距触水点也从 0.75 降到 0.65，反向射流厚度在大攻角时迅速增大，类似推水前进，从而导致低速时前向飞溅阻力明显增大。

围裙下部柔性手指或小囊触水过程中，在外部水动力与内部气垫力联合作用下，产生了一个围绕平衡攻角 β 的高频拍打运动。图 7.18 显示了手指触水时在水动平衡攻角 c 的受力状态，根据式（7.46）外部水动力以及内部垫压可建立围绕触水点 O 的转动运动方程如下：

$$(I+A)\frac{d^2\beta}{dt^2}+\frac{\pi}{8}\rho_w V_w^2 l^2 \cdot \beta = P_c\frac{l^2}{2} \quad (7.49)$$

式中：I 与 A 分别为绕手指触水点 O 的结构惯量与附加惯量。

由式（7.49）可获相对来流速度方向的拍打稳态平衡攻角为

$$\beta=\frac{2}{\pi}\frac{P_c}{\frac{1}{2}\rho_w V_w^2} \quad (7.50)$$

根据 Yamakita（1998）在无穷大频率下估算出附加惯量 A 的近似表达式

为 $A = 9\pi/25b \cdot \rho_w l^4$，结构惯量 I 相对为小值略去，代入式（7.49），可获手指触水的拍打频率如下：

$$\omega_\beta = \frac{4}{3}\sqrt{2}\,V_w/l \qquad (7.51)$$

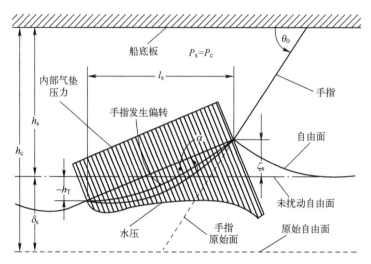

图 7.18　手指触水时在平衡攻角 β 的受力状态

图 7.19 显示了 SES Meguro-2 海试中手指振动的平均频率，随航速增大手指拍打频率明显增加。

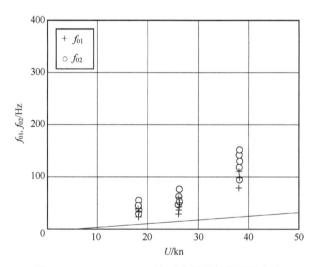

图 7.19　SES Meguro-2 海试中手指拍打平均频率

根据上述分析，手指触水时以湿水长度为标称的 F_n 比较大，可近似以 $F_n = \infty$ 值代入，同时水动力随有效攻角 β 的变化又存在非线性，因此式（7.45）中，$C_d = C_1 \cdot \beta = F_n \cdot \beta^2$ 在大 F_n 与 β 区域并不成立。B. K. 捷亚琴卡（1999）根据囊指围裙规则波水动力试验，获得了围裙阻力系数 C_x 与欧拉数 Eu 的关系式[25]为

$$\begin{cases} C_x = 2.15 Eu = 2.15 \dfrac{P_c}{\dfrac{1}{2}\rho_w V_w^2} \\ R_x = C_x \cdot \dfrac{1}{2}\rho_w V_w^2 \cdot l \end{cases} \quad (7.52)$$

图 7.20 显示了围裙阻力系数与欧拉数的关系曲线。

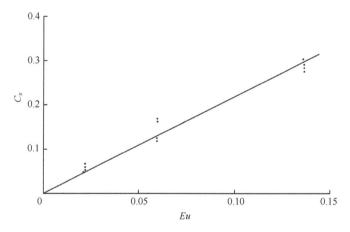

图 7.20　围裙阻力系数与欧拉数的关系曲线

图 7.21 显示了 S. F. Zalek（2011）艏部指裙的水动力试验结果，根据该试验结果数据获得的 C_x 值为

$$C_x = (2.1 \sim 1.7) \frac{P_c}{\dfrac{1}{2}\rho_w V_w^2} \quad (7.53)$$

以上试验数据表明，围裙阻力系数与欧拉数或有效攻角 β 成正比。将式（7.50）代入式（7.46），可获得水动压力系数 C_N 为

$$C_N = \frac{N}{\dfrac{1}{2}\rho_w V_w^2 l} \approx 2 \frac{P_c}{\dfrac{1}{2}\rho_w V_w^2} \approx C_x \quad (7.54)$$

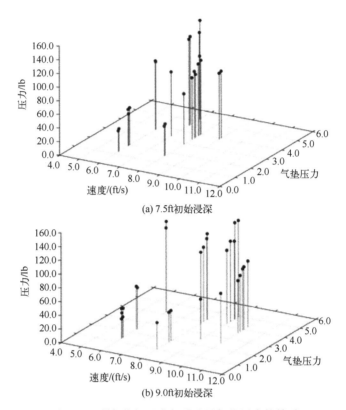

图 7.21 艏部指裙阻力与进速及气垫压力的关系

应用水动摩擦系数概念，即 $\mu_w = \dfrac{R_x}{N}$（水动阻力与水动正压力之比），由式（7.52）~式（7.54）可见，$\mu_w \approx 1$，水动阻力近似与水动正压力相等。

上述水力动摩擦系数概念也可采用以内部正压力 P_c 表达的动摩擦系数形式：

$$\mu_c = \dfrac{C_x \dfrac{1}{2}\rho_w V_w^2}{P_c} \approx 2 \tag{7.55}$$

由图 7.18 所示，μ_c 与 μ_w 的差异是由内外压心位置差异所产生的，外力是内力的 2 倍。根据触水区受力线性分析，在高速时 $R_x = N \cdot \beta + R_f$，其中 R_f 为纯摩擦力，相对为小量，因此有 $\mu_w \approx \beta$，或 $\mu_c \approx 2\beta$，有效攻角相当于摩擦角。图 7.21 的阻力试验结果表明随速度增加其阻力是下降的，图 7.17 显示随进速增加有效攻角减小时向前反向射流厚度的减小使飞溅阻力随航速而下降，从而

造成围裙湿水阻力的非线性影响。参照图 7.21 试验数据值可近似取动摩擦系数为

$$\mu_w \approx \left(\frac{P_c}{\frac{1}{2}\rho_w V_w^2}\right)^{0.1} \quad 或 \quad \mu_c \approx 2 \cdot \left(\frac{P_c}{\frac{1}{2}\rho_w V_w^2}\right)^{0.1} \tag{7.56}$$

注：式（7.52）~式（7.56）的水动阻力系数 C_x 或水动摩擦系数 μ_w/μ_c 均是基于式（7.29）获得的触水高度与长度，而非基于式（7.45）中的包括水动冲升后的面积 $l_w/l = 1.8 F_n$，如图 7.21 中所示取决于初始浸深。

上述手指阻力系数是基于方程（7.49）的准静态分析所获得，手指在静水航行触水时，由水动力与气垫力引起的高频拍打运动，其阻尼力与挠曲转动运动的角速度成正比，该运动是围绕上述静平衡水动攻角式（7.50）中 β_0 的非线性不对称约束的二阶振荡运动，方程（7.49）实际为（静水时是以其固有频率的有激振动）

$$(I+A)\Delta\ddot{\beta} + \frac{\pi}{8}\rho_w\left(V_w + \frac{l_w}{2}\Delta\dot{\beta}\right)^2(\beta_0 + \Delta\beta) = (P_{c0} + \Delta P_c)\frac{l_w^2}{2} \tag{7.57}$$

不对称的约束范围为

$$\theta_f \geqslant \beta_0 + \Delta\beta \geqslant 0 \tag{7.58}$$

式中：θ_f 为手指前倾角。

时间平均的水动攻角 $\bar{\beta}$ 不等于平衡水动攻角：

$$\bar{\beta} = \frac{1}{t}\int_0^{\theta_f}(\beta_0 + \Delta\beta)\mathrm{d}t \tag{7.59}$$

水动攻角随时间变化如图 7.22 所示。

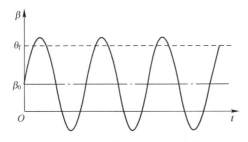

图 7.22 水动攻角随时间变化

在 $\beta_0 = \frac{\theta_f}{2}$ 时，$\bar{\beta} = \beta_0$；在 $\beta_0 < \frac{\theta_f}{2}$ 时，$\bar{\beta} > \beta_0$；在 $\beta_0 > \frac{\theta_f}{2}$ 时，$\bar{\beta} < \beta_0$。

由式（7.50）可知：

$$C_x = \pi\bar{\beta} = \frac{\bar{\beta}}{\beta_0} \cdot 2 \frac{P_c}{\frac{1}{2}\rho_w V_w^2} \tag{7.60}$$

低速时，$\frac{\bar{\beta}}{\beta_0}<1$；高速时，$\frac{\bar{\beta}}{\beta_0}>1$。

手指阻力系数 C_x 实际上不是气水欧拉数 Eu 的线性函数，低速时 Eu 大 β_0 大，$\bar{\beta}/\beta_0<1$，高速时正相反，图 7.20 的试验点反映了上述分析。

对于手指在波浪中触水阻力的分析，此时其高频拍打运动是二阶非线性强迫振荡运动，由于其固有频率高水动阻尼力小，随着波浪频率的增加，其振幅 $\Delta\beta$ 响应值随之增大，这就造成了时间平均水动攻角 $\bar{\beta}_w$ 的增大，结果手指阻力系数随波浪遭遇频率而迅速增大，如图 7.23 所示。

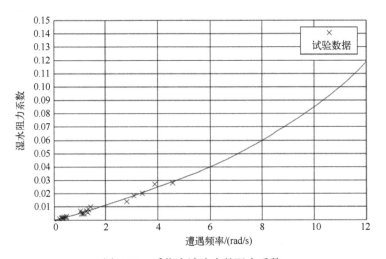

图 7.23　手指在波浪中的阻力系数

为了统一水上与陆上航行时围裙触水/触地的阻力，采用动摩擦系数 μ_c 的形式，水上运动时 μ_c 取决于式（7.56），陆上运动时对于围裙胶布与地面的 $\mu_c=0.6\sim1.2$，地面粗糙度越大该值越大，手指湿水时该值变小。由于围裙手指或小囊三维受力计算困难，可根据含回转的纵向与侧向水速式（7.18）中 $u(y)$ 与 $v(x)$ 将其分解为正面与侧面两个分量力进行计算。

围裙触水的横向平面力方程为

$$\begin{cases} X_{sw} = \int_{-\frac{B_c}{2}}^{\frac{B_c}{2}} \left[F_{xl}\left(\frac{L_c}{2}, y\right) + F_{xl}\left(-\frac{L_c}{2}, y\right) \right] dy + \int_{-\frac{L_c}{2}}^{\frac{L_c}{2}} \left[F_{xb}\left(x, \frac{B_c}{2}\right) + F_{xb}\left(x, -\frac{B_c}{2}\right) \right] dx \\ Y_{sw} = \int_{-\frac{B_c}{2}}^{\frac{B_c}{2}} \left[F_{yl}\left(\frac{L_c}{2}, y\right) + F_{yl}\left(-\frac{L_c}{2}, y\right) \right] dy + \int_{-\frac{L_c}{2}}^{\frac{L_c}{2}} \left[F_{yb}\left(x, \frac{B_c}{2}\right) + F_{yb}\left(x, -\frac{B_c}{2}\right) \right] dx \\ N_{sw} = \int_{-\frac{B_c}{2}}^{\frac{B_c}{2}} \left[F_{xl}\left(\frac{L_c}{2}, y\right) + F_{xl}\left(-\frac{L_c}{2}, y\right) \right] y dy + \int_{-\frac{L_c}{2}}^{\frac{L_c}{2}} \left[F_{xb}\left(x, \frac{B_c}{2}\right) - F_{xb}\left(x, -\frac{B_c}{2}\right) \right] \frac{B_c}{2} dx \\ \quad - \int_{-\frac{B_c}{2}}^{\frac{B_c}{2}} \left[F_{yl}\left(\frac{L_c}{2}, y\right) - F_{yl}\left(-\frac{L_c}{2}, y\right) \right] \frac{L_c}{2} dy - \int_{-\frac{L_c}{2}}^{\frac{L_c}{2}} \left[F_{yb}\left(x, \frac{B_c}{2}\right) + F_{yb}\left(x, -\frac{B_c}{2}\right) \right] x dx \end{cases}$$

(7.61)

式 (7.61) 中各积分内子项为艏、侧、艉各剖面的水动力,表达式见式 (7.64)。

围裙手指触水时水动力的物理本质,对首/侧部手指正面来流或侧面来流时,都是在外部水动力与内部气垫力作用下,围绕一个与欧拉数成正比的稳态水动攻角形成高频拍打,来流速度越高该水动攻角越小,越贴近水表面拍打。气垫压力越高该水动攻角越大,越插入水中拍打。该水动攻角与手指倾角以及波倾角都无关,手指倾角通过湿水高只与湿水面积有关。试验结果显示水动切向力/法向力或阻力/升力的动摩擦系数约为 2,在波浪中该系数将随频率增大。但对于侧部手指内部来流兜水时,或对于刚度较大的艉部小囊 (锥) 水动力受力状态完全相反。图 7.24 显示了侧部手指在横倾时兜水情况下的受力分析。

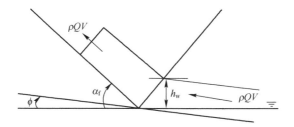

图 7.24 侧部手指横倾兜水时受力分析

由图 7.24,侧指倾斜 ϕ 角触水,横流动量 ρQV 顺手指内侧上爬,即发生兜水时有

$$\begin{cases} F_y = -\rho_w QV[1-\cos(\alpha_f+\phi)]\cos\phi = \rho_w V^2 h_w [1-\cos(\alpha_f+\phi)] \\ F_z = \rho_w QV \cdot \sin(\alpha_f+\phi)\cos\phi = \rho_w V^2 h_w \sin(\alpha_f+\phi) \end{cases} \quad (7.62)$$

图 7.25 显示了艉部小囊（锥）前侧触水的水动力分析。分节小囊刚度较大，在小囊局部刚化假设条件下受力为

$$\begin{cases} N = \pi(\alpha_s+\theta) \cdot \dfrac{1}{2}\rho_w V^2 h_w / \sin(\alpha_s+\theta) \\ F_x = -N\sin(\alpha_s+\theta) \\ F_z = -N\cos(\alpha_s+\theta) - 0.6\rho_w g h_w^2(\tan\alpha_s+\cot\alpha_s) \end{cases} \quad (7.63)$$

式中：α_s 为艉裙小囊的前倾角，垂向力还包括小囊浮力（第二项）。

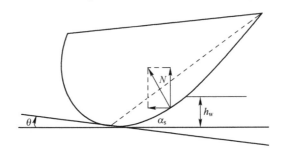

图 7.25　艉部小囊纵倾时触水受力分析

艏、侧围裙的手指倾角 α_f 在围裙绕内接点转动 $\Delta\beta_i$ 的响应运动中是变化的，在手指瞬间刚化前提下有

$$\alpha_f = \alpha_{f0} - \Delta\beta_i, \quad \beta \text{ 向下为正}$$

同样，对艉裙绕内接点转动的响应运动中，其小囊前倾角为

$$\alpha_s = \alpha_{s0} + \Delta\beta_i$$

图 7.26 显示了囊形艉裙入水后其刚度对水动力的影响，由图可见，艉部围裙内压力 P_s 越高，其整体刚度越大，水动力作用下越不容易向上转动变形，结果所受水动力也越大。同时，艉裙外囊曲率半径或凸肩角也直接影响艉裙转动变形刚度，从而影响其水动力。外囊曲率半径越小或凸肩角越大，艉裙变形刚度越小，越易向上转动减小水动力。围裙运动对水动力的影响参见式（7.65）与式（7.66）运动方程的计算。

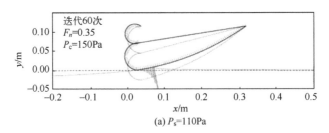

(a) P_s=110Pa

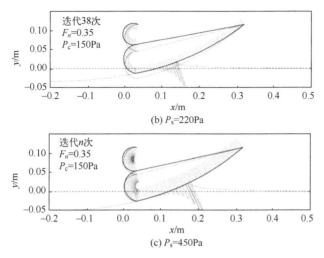

(b) $P_s=220\text{Pa}$

(c) $P_s=450\text{Pa}$

图 7.26 不同艉裙刚度触水受力与变形

艉部小囊侧向来流触水也是刚化处理，水动阻力直接为水动压头与触水面积之积。根据围裙艏/侧/艉不同部位不同受力分析，式（7.61）横向平面力式中的各剖面的水动力表达式如下：

$$\begin{cases} F_{xl}\left(\dfrac{L_c}{2},y\right) = -\mu_{cx} P_c\left(\dfrac{L_c}{2},y\right) h_w\left(\dfrac{L_c}{2},y\right) \bigg/ \sin(\alpha_b+\theta) \\ F_{xl}\left(-\dfrac{L_c}{2},y\right) = -\dfrac{1}{2}\rho_w V_x^2 \cdot \pi(\alpha_s+\theta) h_w\left(-\dfrac{L_c}{2},y\right) \bigg/ \sin(\alpha_s+\theta) \\ F_{xb}\left(x,\dfrac{B_c}{2}\right) = -\mu_{cx} P_c\left(x,\dfrac{B_c}{2}\right) h_w^2\left(x,\dfrac{B_c}{2}\right)(\tan\alpha_f+\cot\alpha_f)/2b_f \\ F_{xb}\left(x,-\dfrac{B_c}{2}\right) = -\mu_{cx} P_c\left(x,-\dfrac{B_c}{2}\right) h_w^2\left(x,-\dfrac{B_c}{2}\right)(\tan\alpha_f+\cot\alpha_f)/2b_f \\ F_{yl}\left(\dfrac{L_c}{2},y\right) = -\mu_{cy} P_c\left(\dfrac{L_c}{2},y\right) h_w^2\left(\dfrac{L_c}{2},y\right)(\tan\alpha_b+\cot\alpha_b)/2b_f \\ F_{yl}\left(-\dfrac{L_c}{2},y\right) = -\dfrac{1}{2}\rho_w V_y^2 h_w^2\left(-\dfrac{L_c}{2},y\right)(\tan\alpha_s+\cot\alpha_s)/2b_s \\ F_{yb}\left(x,\dfrac{B_c}{2}\right) = -\mu_{cy} P_c\left(x,\dfrac{B_c}{2}\right) h_w\left(x,\dfrac{B_c}{2}\right) \bigg/ \sin(\alpha_f+\phi) \\ F_{yb}\left(x,-\dfrac{B_c}{2}\right) = -\rho_w V_y^2 h_w\left(x,-\dfrac{B_c}{2}\right)[1-\cos(\alpha_f+\phi)] \end{cases} \quad (7.64)$$

式中：$\mu_{cx} = 2 \cdot \left[\dfrac{P_c(x,y)}{\frac{1}{2}\rho_w(u-ry)^2}\right]^{0.1}$；$\mu_{cy} = 2 \cdot \left[\dfrac{P_c(x,y)}{\frac{1}{2}\rho_w(v+rx)^2}\right]^{0.1}$；$\alpha_f$、$\alpha_b$、$\alpha_s$ 分别为侧指、艉指与艉囊相对艇体的前倾角；b_f、b_s 为指宽与艉小囊宽；μ_c 由式 (7.56) 获得；速度 V 分别由 x、y 方向的分速度式 (7.18) 代入。

围裙触水的垂向平面力方程为

$$\begin{cases}
Z_{sw} = \displaystyle\int_{-\frac{B_c}{2}}^{\frac{B_c}{2}} \left[\dfrac{2}{\mu_{cx}} F_{xl}\left(\dfrac{L_c}{2}, y\right) + \cot(\alpha_s + \theta) F_{xl}\left(-\dfrac{L_c}{2}, y\right) + f_{sw}\right] dy \\
\qquad + \displaystyle\int_{-\frac{L_c}{2}}^{\frac{L_c}{2}} \left[\dfrac{2}{\mu_{cy}} F_{yb}\left(x, \dfrac{B_c}{2}\right) - \dfrac{\sin(\alpha_f + \phi)}{1 - \cos(\alpha_f + \phi)} F_{yb}\left(x, -\dfrac{B_c}{2}\right)\right] dx \\
M_{sw} = X_{sw} \cdot h_g - \dfrac{L_c}{2} \displaystyle\int_{-\frac{B_c}{2}}^{\frac{B_c}{2}} \left[\dfrac{2}{\mu_{cx}} F_{xl}\left(\dfrac{L_c}{2}, y\right) - \cot(\alpha_s + \theta) F_{xl}\left(-\dfrac{L_c}{2}, y\right) - f_{sw}\right] dy \\
\qquad - \displaystyle\int_{-\frac{L_c}{2}}^{\frac{L_c}{2}} \left[\dfrac{2}{\mu_{cy}} F_{yb}\left(x, \dfrac{B_c}{2}\right) - \dfrac{\sin(\alpha_f + \phi)}{1 - \cos(\alpha_f + \phi)} F_{yb}\left(x, -\dfrac{B_c}{2}\right)\right] x\,dx \\
K_{sw} = Y_{sw} \cdot h_g - \dfrac{B_c}{2} \displaystyle\int_{-\frac{L_c}{2}}^{\frac{L_c}{2}} \left[\dfrac{2}{\mu_{cy}} F_{yb}\left(x, \dfrac{B_c}{2}\right) - \dfrac{\sin(\alpha_f + \phi)}{1 - \cos(\alpha_f + \phi)} F_{yb}\left(x, -\dfrac{B_c}{2}\right)\right] dx \\
\qquad - \displaystyle\int_{-\frac{B_c}{2}}^{\frac{B_c}{2}} \left[\dfrac{2}{\mu_{cx}} F_{xl}\left(\dfrac{L_c}{2}, y\right) + \cot(\alpha_s + \theta) F_{xl}\left(-\dfrac{L_c}{2}, y\right) + f_{sw}\right] y\,dy
\end{cases}$$

(7.65)

式中：艉裙浮力 $f_{sw} = 0.6\rho_w g h_w^2 (\tan\alpha_s + \cot\alpha_s)$。

围裙在水气动力作用下的运动响应主要取决于垂向剖面大囊、外囊和内囊的几何变形，特别是对于几何刚度比较小的响应围裙，这类围裙大囊张力小，外囊凸肩角大，相对而言，与材料特性相关的应变变形近似可以忽略。对于几何刚度大的低响应围裙，在同样的水气动力作用下的几何变形较小，与材料特性相关的应变变形影响必须予以考虑。三维围裙在波浪作用下局部变形响应时，垂向剖面的变形响应将受到两侧变形响应影响，即横向张力对垂向张力的影响。图 7.27 显示了三元围裙外囊局部变形受力原理。对于 A-B 剖面的围裙变形，上部区域的 A 单元微元为椭圆抛物面，下部区域的 B 单元微元为双曲抛物面，两微元的受力分析如下：

$$\begin{cases} A\,\text{微元}: & P_b = \dfrac{T_{xz}}{R_{xz}} + \dfrac{T_{yz}}{R_{yz}} \\ B\,\text{微元}: & P_b = -\dfrac{T_{xz}}{R_{xz}} + \dfrac{T_{yz}}{R_{yz}} \end{cases} \tag{7.66}$$

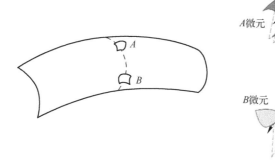

图 7.27 三元围裙外囊局部变形受力原理

对于侧部或艉部的平直段围裙 $R_{xz}=\infty$,围裙运动为二维 y-z 垂向剖面运动。对于艏部或侧艉转圆处 $R_{xz}\neq\infty$,这时应计及三维张力对变形运动的影响。图 7.28 显示了变截面椭圆环张力平衡:

$$\begin{cases} P_b \cdot \pi R_y^2 = T_x \cdot 2\pi R_y \\ T_x = \dfrac{1}{2} P_b \cdot R_y \end{cases} \tag{7.67}$$

代入式(7.66)后可获得 A-B 剖面不同区域的剖面张力为

$$\begin{cases} A\,\text{微元}: & T_{yz} = P_b \cdot R_{yz}\left(1 - \dfrac{1}{2}\dfrac{R_{yz}}{R_{xz}}\right) \\ B\,\text{微元}: & T_{yz} = P_b \cdot R_{yz}\left(1 + \dfrac{1}{2}\dfrac{R_{yz}}{R_{xz}}\right) \end{cases} \tag{7.68}$$

一般 A 微元为外囊,B 微元为内囊,这时 P_b 应为 $(P_b - P_c)$。

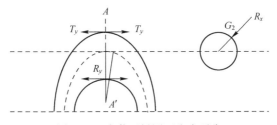

图 7.28 变截面椭圆环张力平衡

由于三维围裙的受力与运动计算工作复杂,需与气垫动力学、表面波动力学进行迭代,必须予以简化。围裙动力学中围裙运动计算模块也可采用如集中参数气垫动力学中的简化模型,即 4 个气室与 8 个周边围裙模型形式。忽略结构应变变形影响,艏/侧 6 个囊指裙剖面简化为绕内接点转角 β 与内囊伸缩 b 的两个自由度运动,艉囊锥或双囊/三囊两个围裙剖面简化为绕内接点转角 β 的一个自由度运动,下部分节小囊(或囊锥)刚化处理。对于 8 个周边分段围裙相互间的分段可采用相邻两分段计算结果的平均值。

艏/侧围裙 β 与 b 两自由度运动方程,参见图 7.29 囊指围裙受力分析,可获得力矩与力的平衡方程式如下:

$$\sum M_\beta = P_c \cdot d \left(b\cos\alpha - \frac{d}{2} \right) + (P_b - P_c)\frac{b^2}{2} - P_b \cdot r_c \cdot b\sin\left(\psi + \frac{\theta_c}{2}\right)$$

$$+ X_{sw}\left(\eta_s - \frac{1}{2}h_w\right) - Z_{sw}\left(x_s + \frac{1}{2}h_w\tan\alpha_f\right) + m_s l\cos\beta \cdot \ddot{z}_i - m_s l^2 \cdot \ddot{\beta} = 0$$

$$\sum F_b = P_c \cdot d \cdot \sin\alpha - (P_b - P_c)r_b \cdot \cos\frac{\theta_b}{2} + P_b \cdot r_c \cdot \cos\left(\psi + \frac{\theta_c}{2}\right)$$

$$- X_{sw}\cos\beta - Z_{sw}\sin\beta + m_s\sin\beta \cdot \ddot{z}_i - m_s\ddot{b} = 0$$

(7.69)

式中:$c = \sqrt{a^2 + b^2 - 2ab\cos(\beta_0 + \beta)}$;$l$ 为围裙质心距 O 点长度;$\ddot{z}_i$ 为质心处船体加速度。

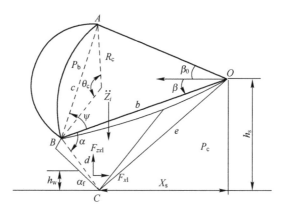

图 7.29 囊指围裙受力分析

由 $l_c = r_c \cdot \theta_c$ 与 $\sin\frac{\theta_c}{2} = \frac{c}{2}\Big/r_c$ 获取外囊弧角 θ_c、外囊曲率半径 r_c,由

$l_b = r_b \cdot \theta_b$ 与 $\sin\dfrac{\theta_b}{2} = \dfrac{b}{2} \Big/ r_b$ 获取内囊弧角 θ_b、内囊曲率半径 r_b，由 $\sin\psi = a \cdot \sin(\beta_0+\beta)/c$ 获取 ψ。

式（7.69）围裙 β 与 b 两自由度运动方程中，前三项为手指、内囊与外囊在 P_c/P_b 作用下的力，中间两项为手指触水时水动阻/升作用力，最后两项为船体/围裙惯性力（z_i 为围裙质心船体垂向加速度）。准静态计算可不计入惯性项，只有在波浪中船体与围裙大幅运动时才考虑，大浸深时还有水的附加惯量影响。因只考虑围裙垂向剖面运动，艏艉围裙水动阻力为 X_{sw}，而侧部围裙水动力阻力应为 Y_{sw}。水动阻力 X_{sw} 与升力 Z_{sw} 分别为对应分段式（7.61）与式（7.65）中积分值。

艉部围裙只考虑 β 一个自由度运动，假设下部小囊（锥）与内囊绑定一起绕内接点转动，受力分析如图 7.30 所示。

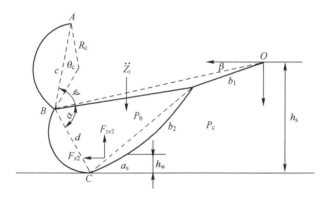

图 7.30 双囊（锥）围裙受力分析

艉部围裙转动力矩平衡方程如下：

$$\sum M_\beta = P_b \cdot d \cdot \left(b\cos\alpha - \dfrac{d}{2}\right) + (P_b - P_c)\dfrac{(b_1+b_2)^2}{2} - P_b \cdot r_c \cdot b \cdot \sin\left(\psi + \dfrac{\theta_c}{2}\right) - X_{sw}\left(h_s - \dfrac{1}{2}h_w\right) - Z_{sw}\left(x_s - \dfrac{1}{2}h_w\tan\alpha_s\right) + m_s l\cos\beta\, \ddot{z}_i - m_s l^2 \ddot{\beta} = 0$$

(7.70)

根据式（7.69）、式（7.70）围裙剖面运动计算结果，可计算由围裙运动引起的大囊与气垫体积变化 V_b 与 V_s 及其导数，代入式（7.39）、式（7.40）计算大囊与气垫体积流量，由 $\dot{V}_b$ 与 $\dot{V}_s$ 产生的囊压/垫压变化，相当于围裙运动产生的阻尼力。

大囊体积为

$$V_{b(i,j)} = \int_0^{l_{i,j}} \left[\frac{1}{2} ab\sin(\beta_0 + \beta) + \frac{1}{2} r_b^2 (\theta_b - \sin\theta_b) + \frac{1}{2} r_c^2 (\theta_c - \sin\theta_c) \right] dl$$

气垫体积为

$$V_{s(i,j)} = \int_0^{l_{i,j}} \frac{1}{2} \{ (\eta_s - h_w) \cdot [b\cos\beta - d\cos(\alpha - \beta)] \} dl \qquad (7.71)$$

裙高 $\eta_s = b\sin\beta + d\sin(\alpha - \beta)$。

大囊与气垫体积积分 $l_{i,j}$ 分别在图 7.9 中 8 个围裙分段进行。大囊与气垫体积 V_b 与 V_s 代入式（7.39）、式（7.40）中的大囊与气垫的压缩性气容，其时间变化率 $\dot{V}_b$ 与 $\dot{V}_s$ 代入相应的大囊与气垫体积流量（气垫体积及其变化率 V_c 与 $\dot{V}_c$ 除了围裙体积变化 V_s 与 $\dot{V}_s$，还包括船体运动与波面运动引起的体积及其变化率）。

围裙系统对水动力与气动力的两自由度响应运动对气垫船的阻力、稳性、耐波性以及操纵性都有密切关系，该系统还存在水/气垫动力作用下的静态失稳-围裙缩进与在气垫动力作用下的动态失稳-围裙颤振。气垫船的纵向失稳或横向失稳都与艏部或侧部围裙的缩进失稳密切相关。图 7.31 显示了高速时艏裙不同内外囊弧长比的围裙水动力响应曲线。由图可见，内囊越长，触水后越易上抬不易下拖缩进，此外外囊凸肩角越小也不易下拖。

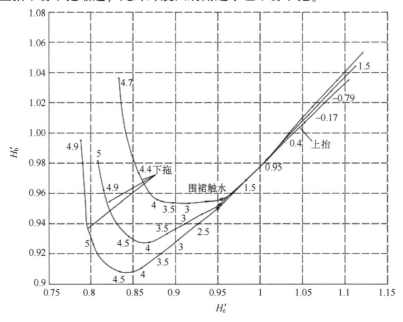

图 7.31 高速艏裙不同内外囊弧长比触水响应曲线

侧部围裙侧滑速度 v 相对前进速度 u 较小,因此其围裙触水后一般更易上抬。围裙缩进相当于内囊的"压杆稳定性"原理,越弯其张力越小越易失稳。

围裙颤振是围裙-气垫-船体在垂向平面耦合运动的自激振荡动态失稳问题。图 7.32 显示了随囊压比 P_b/P_c 变化的升沉运动根轨迹分析曲线。

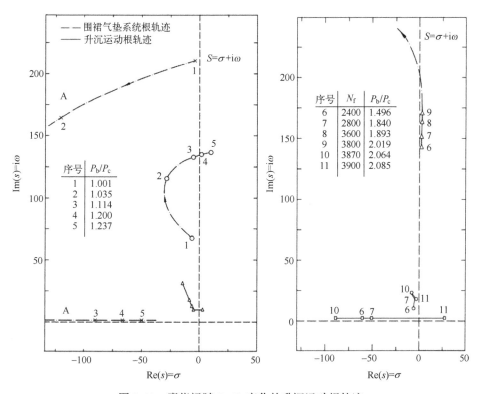

图 7.32 囊指裙随 P_b/P_c 变化的升沉运动根轨迹

由图 7.32 可见,随 P_b/P_c 从 1.0 增加到 1.2 时围裙气垫系统固有频率升高阻尼率降低,同时升沉运动固有频率与阻尼率都降低,$P_b/P_c \geqslant 1.2$ 以后围裙气垫系统与升沉运动先后进入动不稳定区域。一般内囊张力越大围裙气垫系统第二固有频率越大,围裙越接近于一个自由度运动,系统越趋向稳定。

艉部围裙由于下部小囊或囊锥底部区域的气垫压力分布随飞高间隙 h_e 变化激烈而更易发生颤振。小飞高时底部压力会出现负值,如图 7.33 所示,静平衡时试验表明最下端前面与后面的压力分布均接近抛物线关系。

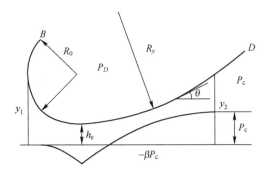

图 7.33　艉裙小囊下的压力分布

气垫侧压力：$P_{y2}=P_{c}\left[1-(1+\beta)\left(\dfrac{h_{e}}{y}\right)^{2}\right]$，$\dfrac{h_{e}}{y}\to 0$ 时 $P_{y2}\to P_{c}$。

大气侧压力：$P_{y1}=-\beta P_{c}\left(\dfrac{h_{e}}{y}\right)^{2}$，$\dfrac{h_{e}}{y}\to 0$ 时 $P_{y1}\to 0$。

试验结果表明：$\beta\approx 1$。

整个围裙气垫系统的颤振一般都是由于某种扰动先引起艉部围裙的颤振，然后逐渐传导到前部整套围裙的颤振。

7.2.4　外部气动力学

"外部气动力学"主要取决于横向平面运动参数以及导管桨、舵喷管等操控力，与气垫-围裙-表面波不存在耦合关系，除横向运动参数外，垂向运动参数中纵/横倾角对外部气动力也有一定影响。该模块输入输出关系如图 7.34 所示。

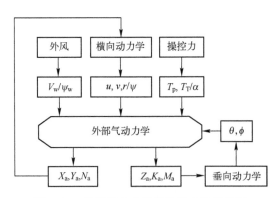

图 7.34　外部气动力学模块输入输出关系

外部气动力学由船模风洞试验或 CFD 计算获得。除了需满足雷诺数 Re 达到自模拟区，针对艉螺旋桨、艉矢量喷管以及气垫的风机进气与底部泄流对外部气动力影响，存在 4 个对应的相似参数。

（1）螺旋桨推力速度系数 K_{pV}：

$$K_{pV}=\frac{T_p}{S_p\frac{1}{2}\rho V_a^2}=2\left(\frac{V_p}{V_a}-1\right)\frac{V_p}{V_a}$$

（2）矢量喷管推力速度系数 K_{tV} 及喷射角 α_t：

$$K_{tV}=\frac{T_t}{S_t\frac{1}{2}\rho V_a^2}=2\left(\frac{V_t}{V_a}-1\right)\frac{V_t}{V_a} \tag{7.72}$$

（3）风机进气速度系数 K_{QV}：

$$K_{QV}=\frac{Q_c}{S_f V_a}=\frac{V_f}{V_a}$$

（4）气垫泄流速度系数 K_{cV}：

$$K_{cV}=\frac{P_c}{\frac{1}{2}\rho V_a^2}=\left(\frac{V_c}{V_a}\right)^2$$

由于螺旋桨与矢量喷管的喷速 V_p 与 V_t 相对空速 V_a 要大很多倍，因此 K_{pV}、K_{tV} 与 α_t 三个相似参数影响必须要反映到外部气动力学中。风机进口流速 V_f 相对空速 V_a 同一量级，比螺旋桨与喷管的影响要小很多，可近似忽略。气垫泄流速度 V_c 虽与 V_p、V_t 同一量级，但因气垫泄流流动在水表面上，受水表面干扰影响大，对上表面的影响也可近似不计。

图 7.35 显示了大地坐标系下风速/风向 V_w/ψ_w 与船速/漂角 V/β 以及艏向角 ψ 之间的关系，由此合成空速 V_a 与空速漂角 β_a 如下：

$$\begin{cases} u_a=V\cos\beta-V_w\cos(\psi-\psi_w) \\ v_a=V\sin\beta-V_w\sin(\psi-\psi_w) \\ V_a=\sqrt{u_a^2+v_a^2} \\ \beta_a=\arctan\frac{u_a}{v_a} \end{cases} \tag{7.73}$$

在对应的 K_{pV}、K_{tV} 与 α_t 下由 V_a 与 β_a 获得六分力气动力。外部气动力模块的输入包括风速/风向 V_w/ψ_w、船速/漂角 V/β，艏向角 ψ，螺桨推力 T_p，矢量喷管推力与喷射角 T_t、α_t。输出包括风机动量力 $-\rho Q_f V_a$ 及其方向角 β_a，以及六分

力气动力 X_a、Y_a、N_a、Z_a、K_a、M_a。

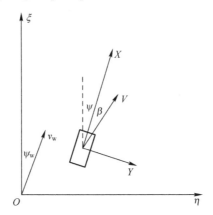

图 7.35 大地坐标系下风速风向对船速与漂角关系

图 7.36 显示了通过 CFD 计算获得的某船型在有矢量喷管与导管桨影响下的船体阻力系数变化曲线。

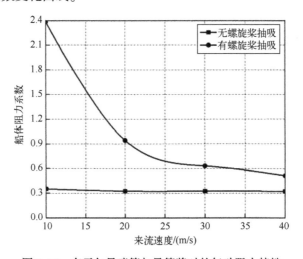

图 7.36 有无矢量喷管与导管桨时的气动阻力特性

由图 7.36 可见，在来流速度 $V>30\text{m/s}$ 的自模拟区，单导管桨抽吸使阻力系数增大了近一倍，加上艄喷管后，艉导管桨因吸入其射流而导致推力减低，最终导管桨对气动力的影响反而减小。在采用艄喷管进行操控时，艄喷管不同转角位置将会对气动力产生较大的影响，同时不同漂角下，不同导管桨推力与不同喷管推力/方位组合对气动力的耦合影响必须反映在气动力的风洞试验或 CFD 计算的结果中。在总体设计中为避免因艄喷管尾流造成导管桨推力降低，一般需置艉喷管初始角度向上与向外,因而操控喷管转角时实际上左右是不对称的。这些设计一般并不能彻底改变艉喷管与艉导管桨的耦合影响,其对气动力的影响需反映在风洞试验或CFD计算的输入条件中。

7.3 六自由度运动仿真原理

7.3.1 六自由度实时运动仿真

图 7.37 显示了数字化气垫船六自由度实时运动仿真模型框图。总体计算框架以共享数据层(含静、动态数据库)为核心,各个运动或力的仿真计算模块相互独立,其输入输出只与共享数据层发生关系。各仿真模块采用标准化的输入/输出格式,运动学与动力学边界条件等数据交换格式一致化。船体-围裙-水波运动型线置于船体坐标系的固定式深浸网格包络内,以 B 样条曲面数据显示实时位置,在船体坐标系下计算运动与力,大地坐标系下的操纵运动数据由坐标变换获得。在线计算时以共享数据层协同给出各仿真模块计算同步时间序列,并行计算的各模块根据各自运动与力及压力流量的时间历程(动态数据链),预报下一时刻的数据,与各模块计算的下一时刻数据同步光滑修正。在线计算时的动态数据库包括:①船体、围裙与波面运动数据链(可视化曲面);②气垫压力、流量与围裙张力数据链(可视化云图);③水气动力(六自由度)与操控力数据链。离线计算时的静态数据库包括:①以 u、v、r 为参数的 z、θ、ϕ 与垂向力的静动稳性数据链;②以 z、θ、ϕ 为参数的 u、v、r 与横向力的操纵性数据链;③以 u、v、ψ 为参数不同波长规则波或不规则波的船体运动与载荷的耐波性数据链。

操控力仿真模块在人工输入 P(螺距)、δ(舵角)、α(喷管转角)后应接入各操纵面控制器的动态响应子模块,以计入操控力的时迟效应。P、δ、α 的人工设定也可由播入的自动驾控子模块实行反馈控制。

7.3.2 基于六自由度数据库的运动仿真

实时仿真模块耦合不需迭代运算,但实时计算量很大,一般的计算机很难在此基础上进行实时的计算仿真,同步实时运动仿真只有在大型高速平行计算工作站上才能实现。采用基于理论与试验相结合的六自由度运动-力静态数据库,通过六自由度运动方程实时求解可以解决上述问题。图 7.38 显示了基于理论与试验的六自由度静态数据库仿真模型框图。该框图中表面波-气垫-围裙三个动力学仿真模块是在相互耦合情况下输入 z、θ、ϕ/u、v、r,输出兴波力、气垫泄流力、围裙触水力等横向阻力与气垫升力、围裙触水力等垂向力。这个气-固-液动力耦合模块与固定 z、θ、ϕ 的 u、v、r 模型水动力试验数据库的模块相对应,是扣除模型外部气动力的水动力试验结果。气动力由外气模块单独获取。该数据库可建立以 z、θ、ϕ 为参数的 u、v、r 与横向平面力的操纵性数据库。垂向位移 z、θ、ϕ 的变化对应垂向力 Z、K、M 的变化可获得相应的耦合稳性曲线,建立试验的垂向稳性数据库。

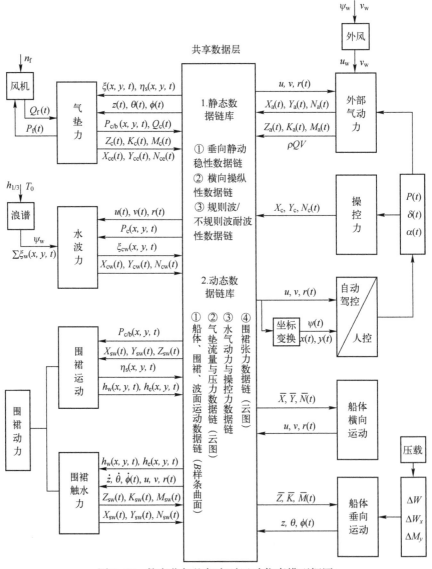

图 7.37 数字化气垫船实时运动仿真模型框图

第7章 六自由度操纵运动仿真

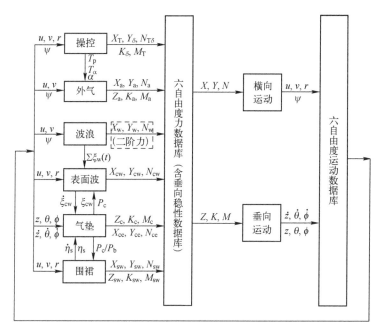

图 7.38 基于六自由度运动-力数据库的运动仿真框图

参见图 7.38 仿真模型框图，对应六自由度水动力试验的气垫-围裙-表面波耦合理论模型，输入垂向运动 z、θ、ϕ 到"气垫"模块，"气垫"模块输出垫压 $P_c(x,y)$ 到"表面波"模块，"表面波"模块在输入 u、v、r 条件下输出波形 $\xi_c(x,y)$ 进"气垫"模块迭代，最终输出兴波力。"气垫"模块输出囊压/垫压 $P_b(x,y)/P_c(x,y)$ 进"围裙"运动子模块，"围裙"运动子模块输出裙高 $\eta_s(x,y)$ 进"气垫"模块迭代，"气垫"模块在 z、θ、ϕ 条件下由"表面波"与"围裙"模块返回 ξ_c、η_s 后计算输出垂向气垫力与横向泄流动量力，同时输出触水高 $h_w(x,y)$ 进"围裙"力子模块，"围裙"力子模块在输入 u、v、r 条件下输出围裙触水六分力。在六自由度水动力计算框图中"围裙"模块分为由气垫力计算运动的"运动子模块"和由运动计算触水力的"力子模块"。为计及船发生大幅纵/横倾时围裙触水变形上抬或下拖、缩进及其对稳性影响，需将"围裙"力子模块中的触水力与气垫力同时输入"围裙"运动子模块中迭代计算直至稳定收敛，这时的围裙触水力才是最终值。这项计算反映了围裙在触水后上抬还是下拖的气弹与水弹动力响应特性，与船的阻力和航行动稳性密切相关。该准静态计算程序忽略了围裙运动对表面波动力学的耦合作用，围裙运动准静态计算中可不计及其惯性力影响。

定常表面波理论模型中没有与加速度有关的水动力计算，与加速度有关的水动力项需由平面运动机构试验获得。

加速度影响也可通过对式（7.11）~式（7.19）的表面波动力学中气垫非定常速度势进行时域求解，以获得运行加速度对兴波阻力的影响。气垫船在加速过程中，不同的加速度对阻力峰的速度位置影响较大。图 7.39 显示了在深水（$h/L_c=\infty$）与浅水（$h/L_c=0.25$）时的气垫非定常兴波阻力系数，由图可见，加速度越大阻力峰的 F_n 也越高，即阻力峰向高速移动。

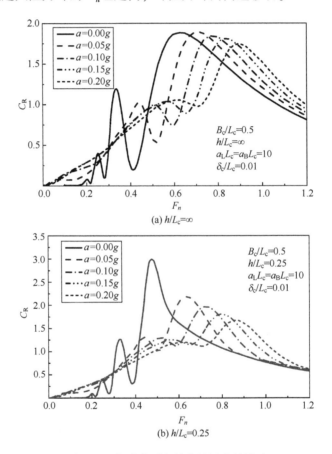

图 7.39 加速度对气垫兴波阻力的影响

参见图 7.38，作为环境模块的两个试验模块外气模块与波浪模块，它们的输入为 u、v、ψ，根据外气的风向/风速与波浪的浪向/浪谱计算，输出横向气动力（含风机进气动量力）与波浪二阶力（阻力增量），以及垂向气动力。

第7章 六自由度操纵运动仿真

驱动控制的操控模块,输入为 u、v、r、ψ,人工设定或自动驾控模块设定控制面 δ、P、α,输出为控制力。

由 u、v、r、z、θ、ϕ 六自由度运动状态矢量作为输入,通过"气垫""表面波""围裙""外气""波浪""操控"六大动力学模块计算,输出六自由度运动力,加上由平面运动机构试验获得的附加惯性力,构成了六自由度运动方程(7.4)和方程(7.5)右边的运动-力数据库,在此基础上对横向与垂向运动力进行时间积分,实现六自由度操纵运动的实时仿真。上述仿真计算是准静态的操纵运动仿真,不包含波浪中船垂向动态运动的数字仿真。

由波浪引起船的垂向运动相对操纵平面运动是短周期运动,为计入垂向运动与平面运动的实时耦合影响,由"波浪"模块的输入波浪谱 $S(\omega)$,生成不同频率波长的时域波形 $\Sigma\xi_w(t)$,见式(7.23),每个频率分量波浪以各自波速加上船速代入"表面波"模块。该模块在输入 $P_c(x,y,t)$ 与 u、v、r 条件下,计算输出 $\xi_c(t)+\Sigma\xi_w(t)$ 表面波形(即时兴波与入射波波形)进入"气垫"模块进行气-固-液耦合迭代。

参见图7.38,由"波浪模块"获得的实时遭遇波形 $\Sigma\xi_w$ 进入"表面波模块"叠加兴波波形 ξ_c 以后输入"气垫模块",合成波形 ξ_{cw} 产生的泄流(触水)高度造成的流量变化及由其速度 $\Sigma\dot{\xi}_{cw}(t)$ 产生的上下泵吸流量引起垫压 $P_c(x,y,t)$ 的变化,反馈"表面波模块"迭代产生即时兴波新波形;同时"气垫模块"输出 $P_c(x,y,t)/P_b(x,y,t)$ 进入"围裙模块"计算围裙运动 $\eta_s(x,y,t)$ 及其速度 $\dot{\eta}_s(x,y,t)$,然后反馈"气垫模块"通过计算围裙高度变化产生的泄流流量变化及由其速度产生的大囊与气垫泵吸流量,迭代计算新垫压,该垫压变化同时参与由即时兴波引起的垫压迭代计算,最后输出表面波、气垫与围裙的横向力。由"气垫"与"围裙"两个模块的垂向力叠加"外气"与"操控"模块的垂向力,代入"垂向运动模块"进行时间积分获取下一时刻的 $\dot{z}$、$\dot{\theta}$、$\dot{\phi}$ 及其位移 z、θ、ϕ;作为"气垫模块"输入,进入下一时刻"气垫-表面波-围裙"三个模块的迭代计算。这个耦合垂向运动仿真模块是基于横向平面运动状态 u、v、r、ψ 不变的输入,对应于不同浪向、航速与漂角下的耐波性试验结果。为简化计算量可采用前面所述的集中参数"气垫"与"围裙"动力学模型。在"垂向运动"模块迭代计算的同一时刻,"气垫-表面波-围裙"三个模块输出的平面力加上"外气"与"操控"平面力一起输入"平面运动"模块进行时间积分。

由于垂向运动是短周期运动,平面运动是长周期运动,因此平面运动计算的时间间隔可取为垂向运动时间间隔的整数倍,其内部"围裙"运动的积分时间同步于波浪运动，即取决于最高遭遇频率。气垫压力的计算时间间隔（取决于 $\tau_c = R_c \cdot C_c$）由于压缩性影响是最短的，因此围裙-气垫积分时间应取最小遭遇周期与压缩性时间常数中短者。垂向运动积分时间可取围裙运动积分时间的整数倍。在各动力学模块计算垂向力的同时计算平面力，取平面运动积分时间间隔内由垂向运动引起的平面力均值（二阶力）代入"平面运动"模块积分获取下一时刻的 u、v、r、ψ。

"环境模块"除了图 7.38 中的"外气"与"波浪"模块，还有"滩涂模块"。该模块由滩涂水深与坡滩地形数据库组成。地形数据库根据船在大地坐标系中的位置输入，输出相应位置的水深、坡角以及滩涂的地形高度数据，据此对浅水兴波阻力以及拍岸浪的波高、波长、波频（或波速）进行相应修正，以及进行陆上运行时的阻力与运动计算。

滩涂浅水兴波阻力的修正，对于表面波的理论计算，可直接在拉普拉斯方程中采用有限水深作为速度势中的水底边界条件式（7.17），以此计算浅水兴波。对于船模水池试验结果，在低速兴波力为主的前提下，可采用图 7.40 水深对气垫兴波阻力系数影响的曲线进行修正，即根据不同 F_n 与不同水深/气垫长比对应的有限水深与无限水深兴波阻力比作为修正系数。由该图可见，在水深/气垫长比 0.25 时在 $F_n = 0.35$ 处浅水兴波阻力达最大值，为无限水深值的 3 倍，而在 $F_n > 0.5$ 以后浅水兴波阻力开始小于无限水深值。

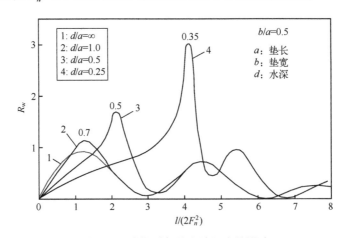

图 7.40　水深对气垫兴波阻力的影响

对于滩涂浅水区域的拍岸浪，随水深减小波高变陡波长变短。式（7.23）中的波幅 A_i 的修正关系有限水深与无限水深波幅比为

$$A_i/A_{i0} = \left\{ \frac{k}{k_0} \left[\frac{1}{1 + \frac{2kD_w}{\sinh(2kD_w)}} \right] \right\}^{\frac{1}{2}} \quad (7.74)$$

式中：波数比 $\frac{k}{k_0}$ 为

$$\frac{k}{k_0} = \frac{1}{\lambda/\lambda_0} = \frac{1}{\tanh(k \cdot D_w)} \quad (7.75)$$

通过设定水深 D_w 与 k_0，即设定水深波长比 D_w/λ_0。求解式（7.75）可获得图 7.41 与图 7.42 的以水深波长比为横坐标的有限与无限水深的波长比 λ/λ_0 与波幅比 A/A_0。

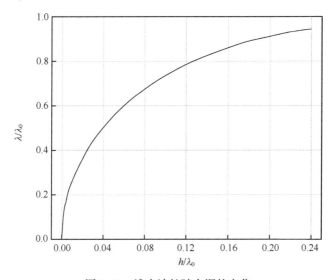

图 7.41 浅水波长随水深的变化

式（7.23）中的波长 λ_i、波幅 A_i 分别按图 7.41 与图 7.42 进行随水深变化的修正。

有限水深与无限水深波速比为

$$V_g/V_{p0} = \frac{1}{2} + \frac{kD_w}{\sinh(2kD_w)} \quad (7.76)$$

式中：V_g 为浅水波群速；$V_{p0} = \frac{\omega}{k_0}$ 为深水相速度，在深水区波长长的波传播速度快，存在"色散"现象，称为相速度。图 7.43 显示了以水深波长比 D_w/λ_0 为横坐标的波速比 V_g/V_{p0}。

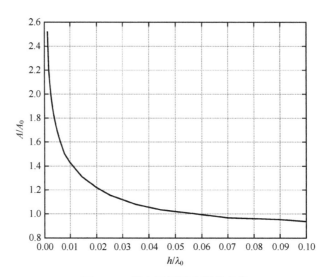

图 7.42　浅水波幅随水深的变化

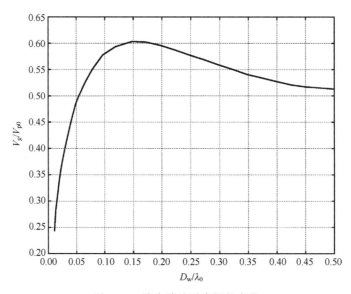

图 7.43　浅水波速随水深的变化

式（7.22）中的波频 ω_i 则按照式（7.77）进行修正：

$$\begin{cases} k_i = \dfrac{2\pi}{\lambda_i} \\ \dfrac{\omega_i^2}{g} = k_i \tanh(k_i D_w) \end{cases} \quad (7.77)$$

第7章 六自由度操纵运动仿真

上述滩涂浅水修正因子代入式（7.23）中形成浅水拍岸浪波形作为"气垫动力学"模块波浪扰动的输入，对于由规则波斜浪试验的"波浪"模块二阶力的试验结果，根据式（7.74）与式（7.77）将波浪谱修正为拍岸浪谱后进行预报计算。

图 7.44 显示了由基于静水水动力试验数据库的长周期六自由度操纵"平面运动模块"和基于波浪上运动试验数据库的短周期波浪六自由度"垂向运动模块"组成的基于静水与波浪试验数据库的六自由度运动仿真框图。由驾控模块中的"操控力"模块输出 F_{xc}、F_{yc}、F_{zc} 进"平面模块"。通过平面模块迭代计算输出 u、v、r、ψ 进风/浪环境模块与"垂向模块"，"垂向模块"迭代计算输出 z、θ、ϕ 均值与波浪二阶力增量进"平面模块"，实现"平面"与"垂向"两个模块间的耦合仿真。两个模块内部理论模型与试验结果相对应补充，"平面运动模块"理论模型基于围裙/气垫静力学与表面波动力学理论，与不同 z、θ、ϕ 的 u、v、r 斜拖与回转试验结果相对应，"垂向运动模块"理论模型基于围裙/气垫动力学与即时表面波动力学理论，与不同 u、v、ψ/ψ_w 的各浪向耐波性试验结果相对应。

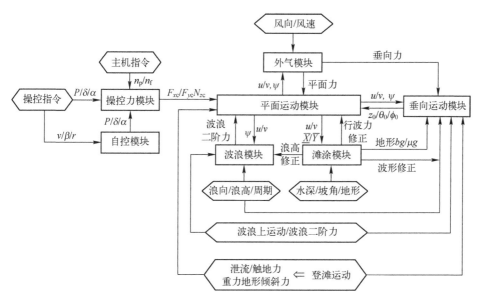

图 7.44 基于静水与波浪试验数据库的运动仿真框图

上述仿真中"平面运动模块"与"垂向运动模块"之间的迭代是在准静态情况下进行的，通过不同 z_0、θ_0、ϕ_0 的 u、v、r 斜拖与回转试验结果加以验证。"波浪模块"中的波浪二阶力增量通过各个浪向下的斜拖试验以及相应的理论计算获得。图 6.6 显示了某气垫船以 30kn 航速在三级海况逆浪（180°）、艏斜浪（135°）、横浪（90°）与顺浪（0°）情况下不同漂角斜拖的阻力、侧向力与回转力矩均值（包含准静态力与二阶力）以及最大与最小波动值。由图 6.6（b）可见，随漂角 β 增加，侧向力与静水时相似，均值增加，其波动值在斜浪特别是横浪大漂角时可达 50%~100%。图 6.6（c）显示了回转力矩类似的运动特性。

垂向运动的仿真采用上述仿真模型方法，准静态数据由"垂向运动模块"获得，再叠加"波浪模块"中的波浪动态数据，垂向运动与横向运动没有实时对应，而且没有计入波浪中脉动气垫压力对平面运动表面波的影响，动态仿真度较差。图 6.7 显示了各浪向垂向运动的模型试验结果[3]。

其中横摇运动显示，在 $\beta=10°\sim20°$ 大漂角，波长船长比 $\lambda/L_c=1$ 横浪时，横摇幅值可高达 6°~7°。这时波浪造成气垫纵隔裙下的飞高间隙变化最大，横稳性在正负之间的非线性变化引起类似常规船的"参数横摇"，造成在波浪中的甩尾失稳。为计及波浪中脉动气垫压力对平面运动表面波形影响提高动态仿真度，必须采用如图 7.37 或图 7.38 的仿真模型基于平面与垂向两模块中的理论模型进行实时迭代计算。平面模块表面兴波与外界波浪复合输入垂向模块，垂向模块输出气垫压力扰动值取代输出波浪二阶力，进入平面模块的表面波方程计算时变垫压兴波的表面波形以及波浪扰动力，其中表面波形返回垂向运动模块进行迭代。

随着气垫船在大地坐标系下由深水区逐步进入浅水滩涂区后，船艏达岸线即以坡角地形数据取代原水波波形，输入"垂向运动模块"，同时取消"表面波"与"波浪"模块中的水动力。由"外气模块"与"操控模块"向"平面运动模块"输入平面力的同时，其垂向力与重力地形倾斜力输入"垂向运动模块"，以此计算产生的泄流动量力与围裙触地力，这时式（7.61）~式（7.65）中的水动摩擦力系数 μ_c 代之以地面的滑动摩擦系数，围裙胶布与地面的 $\mu=0.6\sim1.2$，地面粗糙度越大该值越大。

对于在登滩过程中滩涂坡角产生的重力地形倾斜力分析，如图 7.45 所示的气垫船斜向登滩运动示意图。设滩涂坡角为 γ，ψ 为相对垂直岸线的艏向角，L 为距离岸线纵向进程，根据下列几何关系式可获得船体坐标系下大地坡倾角 θ_γ 与 ϕ_γ：

$$\begin{cases} \left[\left(L+\dfrac{l_c}{2}\cos\psi\right)\cdot\sin\gamma-\left(L-\dfrac{l_c}{2}\cos\psi\right)\cdot\sin\gamma\right]\Big/l_c=\sin\theta_\gamma \\ \left[\left(L+\dfrac{b_c}{2}\sin\psi\right)\cdot\sin\gamma-\left(L-\dfrac{b_c}{2}\sin\psi\right)\cdot\sin\gamma\right]\Big/b_c=\sin\phi_\gamma \end{cases} \quad (7.78)$$

即
$$\begin{cases} \theta_\gamma = \arcsin(\sin\gamma \cdot \cos\psi) \\ \phi_\gamma = \arcsin(\sin\gamma \cdot \sin\psi) \end{cases}$$

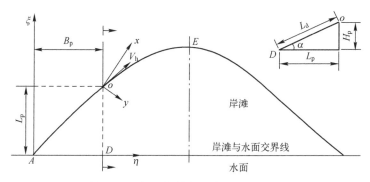

图 7.45　气垫船斜向登滩运动示意图

气垫船在滩涂上的姿态角为

$$\begin{cases} \theta = \theta_c + \theta_\gamma \\ \phi = \phi_c + \phi_\gamma \end{cases} \tag{7.79}$$

式中：θ_c 与 ϕ_c 为由气动力与操控力等外力矩作用于气垫产生的泄流姿态角，其产生的纵横向阻力与力矩由泄流动量力与围裙触地力的公式提供。大地坡倾角 θ_γ 与 ϕ_γ（相当于长波波倾角）产生的纵/横向阻力与重力相关（气垫力的水平分力）：

$$\begin{cases} X_g = G\sin\theta_\gamma \\ Y_g = G\sin\phi_\gamma \end{cases} \tag{7.80}$$

冲滩时的操纵平面运动方程变为

$$\begin{cases} m(\dot u - rv) = X_{ce} + X_{sg} + X_a + X_g + X_p + X_\alpha \\ m(\dot v + ru) = Y_{ce} + Y_{sg} + Y_a + Y_g + Y_\alpha + Y_\delta \\ I_z \dot r = N_{ce} + N_{sg} + N_a + N_p + N_\alpha + N_\delta \end{cases} \tag{7.81}$$

式中：X_{sg}，Y_{sg}，N_{sg} 为由气动力与操控力使艇纵横倾后围裙的触地阻力，是 z，θ，ϕ 的函数，取决于气垫压力、触地面积与动摩擦系数，在式（7.64）中用围裙胶布与地面的 μ 取代水动摩擦系数 μ_c。

各种滩涂坡倾角的冲滩登陆能力即最大爬升距离 L_D 取决于坡倾角、艏向角、航速、推力、艇重、垫压以及风速风向等：

$$L_D = f(\gamma, \psi, V, T, W, P_c, V_w, \psi_w) \tag{7.82}$$

最大爬升角定义为气垫船在坡面上以极低速一直向上稳定爬升的最大坡倾

角 γ_{max}（在船艏垂直岸线条件下）：

$$\gamma_{max} = \arcsin\left(\frac{T_{max}}{G} - \theta_c\right) \tag{7.83}$$

实际上当船以一定航速冲滩时，航速越大能达到的最大爬坡角也越大，图 7.46 显示了气垫船以航速 $F_n = 0.3$ 登滩艏向角 $\psi = 15°$ 分别在坡倾角 $\gamma = 2°$ ~ $12°$ 时斜向登滩运动仿真的运动轨迹。

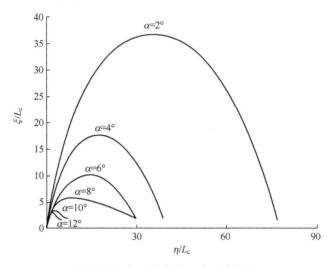

图 7.46 气垫船斜向登滩运动轨迹

由图 7.46 可见，坡倾角越大，船冲滩后爬升的纵深距离 ξ 就越小，该速度的最大爬升角可达 12°，其爬升距离很短。这是在无风条件下，如有侧风或顶风情况下则上述爬升距离与爬升角都会随风速增大而下降。

上述登滩运行计算是在光滑地形上航行，式（7.81）操纵方程基于在外气干扰作用下的围裙-气垫静力学模型，z、θ、ϕ 垂向运动是准静态的。实际在陆上滩涂航行时，还会遭遇到沟、坎或障碍等各种复杂地形，这时由于气垫泄流高度或围裙触地高度以及气垫围裙大囊体积的大幅时变，船会发生较大的垂向运动，因而需采用基于围裙-气垫动力学模型的六自由度操纵运动数学模型进行仿真计算，才能获取船在陆上复杂滩涂地形下的通行能力。

驾控系统由图 7.44 中的操控模块"操控力模块"与"自控模块"两部分进行仿真。驾驶员根据平面运动视野与垂向运动感觉及驾驶台屏显运动数据进行操控，操控装置分别向"操控力模块"中的"推力模块""空气舵模块""矢量喷管模块"以及"垫升风机模块"发出人工操控指令。根据 5.3 节操纵面力学特性可获以下各操控模块。

第7章 六自由度操纵运动仿真

(1) 推力模块：人工指令转速 n_p 桨距 ϕ_p 经机桨联控模块后获实时 n_p/ϕ_p，在外输航速 V_a 下获推力 T_p 与功率 N_p。

(2) 空气舵模块：人工舵角指令 δ 经伺服舵机模块后获实时舵角 δ，在外输 T_p 与 V_a 下获舵力 Y_δ/N_δ。

(3) 矢量喷管模块：人工喷管转角指令 α_T 经伺服电机模块后获实时转角 α_T，在外输 V_a 下获推力 T_t。

(4) 垫升风机模块：人工垫升转速指令 n_f 经机扇联控模块后获实时转速 n_f-P_f-Q_f 曲线。

驾驶员也可根据不同的自控模式进行操控，输入相应的自控模式指令进"自控模块"，"自控模块"根据平面运动参数与垂向姿态参数输入，输出在安全限界条件下的操控指令进"操控力模块"。

应用于驾驶员训练模拟器上的六自由度运动仿真系统，由通过投影设备投射在广角显示柱幕上的外部环境下六自由度长周期操纵运动视频，以及由驾驶舱下可反映短周期运动与加速度响应的六自由度伺服运动机构组成。屏幕运动视频模型由图 7.44 六自由度运动仿真框图中的"平面运动模块"与"风""浪""滩涂"等外部环境模块提供，驾驶舱平台运动模型由"垂向运动模块"结合"平面运动模块"提供。图 7.47 显示了气垫船驾驶员训练模式模拟器的组成结构，在该模拟器上可进行各种运动性能以及安全驾驶的实时仿真。

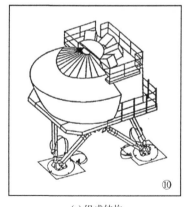

(a) 组成结构

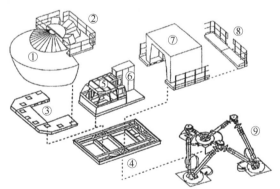

(b) 分解图

①-广角显示柱幕；②-投影设备；③-前台体地板结构；④-运动平台；⑤-学员站模块；
⑥-艇上教员操纵站；⑦-后部舱室；⑧-后通道；⑨-运动腿；⑩-组装后 FMT 整体。

图 7.47 驾驶员训练模拟器

7.3.3　基于神经网络与深度学习的运动仿真

基于现代递归神经网络 RNN 技术，可以对一个非线性时域动力学系统在线根据其输入与输出关系，通过深度学习获得实时的对控制输入与环境影响输入的运动响应仿真，而不需要基于本章前述的非线性动力学系统的物理机理。图 7.48 显示了气垫船 LCAC 基于 RNN 技术的非线性动力学响应仿真示意图。

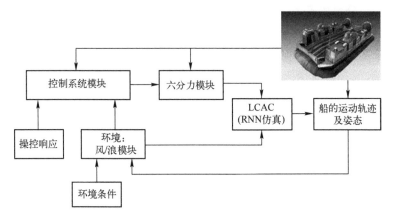

图 7.48　LCAC 基于 RNN 的非线性动力学响应仿真

动力学响应仿真 RNN 包括两个部分：首先是对控制与环境影响输入输出系统六分力的响应仿真，该仿真是应用前馈神经网络（Feedforward Neural Network，FNN），基于 z、θ、ϕ 三自由度约束的船模斜拖与回转 u、v、r 试验的学习结果建立六分力响应模型，该仿真为静态仿真。其次在此基础上应用递归神经网络（RNN），基于自航模静水与波浪试验对在输入控制与风浪环境条件下的运动响应输出进行闭环训练学习，建立运动响应实时预报模型，该仿真为动态仿真。图 7.49 显示了基于约束船模与自航船模试验的气垫船 RNN 运动仿真框图。

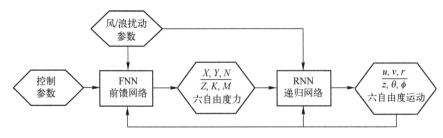

图 7.49　基于约束船模与自航船模试验的 RNN 运动仿真框图

第7章 六自由度操纵运动仿真

RNN 的运动学习与仿真是以单个自由度展开的,各个自由度之间的耦合影响是通过 FNN 输入相关各自由度运动参数输出单自由度力来实现的。每个自由度的 RNN 由输入层、隐藏层与输出层组成,输入层为与该自由度力与运动相关的多维状态参数,FNN 输出层为单自由度力,RNN 输出层为该自由度运动,隐藏层为双层多节点树状神经网络结构,输入参数从输入层向基层(父节点)通过上层(子节点)传输进行网络计算,最后由输出层(上层子节点)输出仿真参数。各层之间的输入输出关系可表达为

$$\boldsymbol{h}^{(i)} = f(\boldsymbol{U}^{\mathrm{T}} \cdot \boldsymbol{h}_{\mathrm{c}}^{(i)} + \boldsymbol{W}^{\mathrm{T}} X^{(i)} + b) \tag{7.84}$$

式中:X 为输入状态参数;$\boldsymbol{h}_{\mathrm{c}}$ 与 $\boldsymbol{h}$ 分别为父节点与子节点计算矢量;$\boldsymbol{W}$ 与 $\boldsymbol{U}$ 分别为输入参数与父节点参数的权重($\boldsymbol{W}$ 为递归权重);b 为偏置值(阈值);f 为神经元传递函数(非线性激活函数)。

在应用船模试验结果对 RNN 的训练学习阶段,输出层的力或运动返回输入层形成反向传递神经网络(BP-NN),网络将会根据输入与输出的单自由度力或运动之间的误差,沿着误差负梯度方向不断迭代修正式(7.84)中的权重与偏置值。训练结束后固定上述修正后的权重与偏置值,即可在控制与环境输入以及上一时刻运动响应输入条件下对下一时刻运动响应输出进行递归神经网络的实时训练预报。

图 7.50 显示了 LCAC 的力与力矩前馈神经网络模型,作为根据初期的约

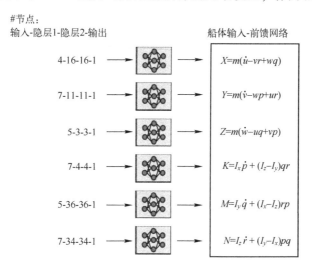

图 7.50 LCAC 的力与力矩前馈神经网络模型

束船模试验对力与力矩的训练模型,其输入参数是斜拖直航时的 7 个运动相关数据。然后在此基础上进行了根据自航模试验数据对 RNN 运动响应预报的大规模学习训练,由此训练结果模型对各自由度的运动响应进行了实时预报。

图 7.51 显示了根据自航模静水回转试验获得的纵横向速度 u、v,航向角 ψ 以及航迹 x-y 的实时数据测量值与 RNN 训练学习后的预报值结果,其中 a 为训练结果,b 为预报结果,可见应用 RNN 经过大量的训练学习后力与运动响应在线预报可达到较高的精度,虽存在一定误差,预报精度仍可达到接近学习精度的水平。

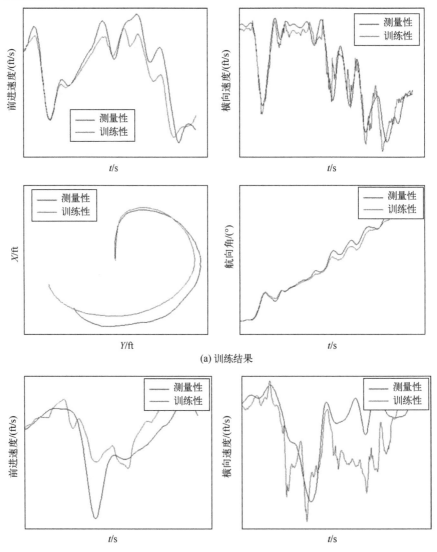

(a) 训练结果

第7章 六自由度操纵运动仿真

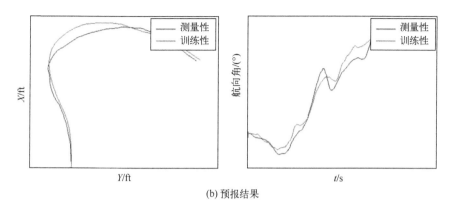

(b) 预报结果

图 7.51 LCAC 船模右转试验的训练与预报结果（彩图见插页）

术 语 表

漂角：也称侧漂角，纵向航速与横向航速之间形成的夹角。
航向：气垫船由于侧滑航向不等同于艏向，航向为大地坐标航迹向，也称航速向。
回转率：大地坐标回转速率，气垫船由于回转时侧滑，该回转率不等同于首摇角速度回转率。
战术直径：气垫船从初始直航到航向改变180°时重心间的横向距离。
气垫密度：气垫压长比，与气垫兴波阻力相关。
高速埋首：气垫船在高速顺风条件下发生的低头埋首纵向失稳。
高速甩尾：气垫船高速满舵回转中后期发生的急速回转甩尾与侧滑失稳。
低速翻船：低速横向侧滑或高速甩尾失速至低速发生的横摇失稳。
航行安全限界：根据航行稳定性与安全性的运动状态预报对操纵面实施的限界。
侧滑阻力峰：气垫船在高速斜航侧滑运动时气垫兴波产生的阻力峰，越过该阻力峰速后兴波阻力下降，与航向稳定性相关。
泄流动量力：气垫船围裙下端气垫泄流产生的阻力，与泄流纵横倾角相关。
状态空间：由船各项运动状态参数构成的取值空间。
相空间：非线性动力系统在初始扰动后随时间序列各运动状态点在状态空间的变化轨迹。
特征方程：分析线性动力系统稳定性的频域齐次方程。
泰勒级数：用于非线性动力学系统在平衡点邻域对多元状态变量的非线性展开。
平面运动机构试验：应用泰勒级数展开对操纵运动各项非线性水动力导数的动态试验方法。
拉普拉斯算子：用于将时域线性微分方程转换为频域线性方程，进行稳定性特征根分析或直接频域求解。
航向稳定性：由静稳性范畴的"直航稳定性"和动稳性范畴的"回转稳定性"（甩尾失稳）组成。

螺旋试验：通过连续增/减舵角进入定常回转来测试"直航稳定性"的方法。

李亚普诺夫稳定性：通过判别一般非线性动力学系统在外界扰动后状态变量运动轨迹来分析稳定性边界的理论。

航行横稳性：由直航横稳性、斜航横稳性与回转横稳性三部分组成，后两项为横侧耦合稳定性。

相空间稳定性分析（时域）：应用李亚普诺夫稳定性理论对非线性动力学系统在外界扰动后多维状态变量运动轨迹进行分析获取稳定域边界的方法。

根轨迹稳定性分析（频域）：通过连续改变线性动力学状态方程中的状态矢量，求解其特征根，根据状态矢量在根平面中向右半平面变动趋势是否达到虚轴判别状态矢量稳定域的方法。

应舵跟从性：与打舵后船进入定常稳定回转的时间相关。

应舵响应时间：与打舵后舵力起效的快慢时间相关。

反拉氏变换：由频域线性方程解求取时域显式解的一种数学方法。

矢量喷管：艉部旋转喷管，分为独立风机供气和与气垫共用的双出口风机供气两种形式。

侧风门：也称射流舵，分别设在气垫船左右前后4个角上。

直航纵稳性：高速直航时与低头埋首失稳现象相关的纵向稳定性。

航行安全包络：航行操控中在外界风浪扰动下船稳定安全航行的各运动状态参数与操控面参数形成的包络。

PID 控制器：基于控制目标误差比例、积分与微分信号的操纵面控制器。

控制增益：根据控制理论优化的目标误差比例、积分与微分信号加权组合系数，可以是时变的或非线性的形式。

自抗扰控制器：应用现代控制理论在基于误差消除误差基础上采用的时变非线性控制。

BP 神经网络控制器：应用误差反向传递进行消减的神经网络智能 PID 控制器，能充分逼近任意复杂的非线性动力学系统。

定位定向航迹控制：气垫船艏向不等同于航向，在航迹控制中通过 v-r 耦合控制实施漂角的主动操控，对目标地执行由航（迹）向最终转到艏向的航迹控制。

表面波动力学：气垫压力在水表面的兴波波形以及叠加外界波浪引起的入射波形产生的横向平面水动力学。

气垫动力学：包括风机–风道–围裙大囊–气垫的气垫系统在船体、水表面与围裙运动下的内部气体动力学。

围裙动力学：在内部气垫动力与外部水动力作用下的柔性结构动力学。

气水欧拉数：气垫压力与水动压头之比，与围裙手指触水时高频拍打的平均水动攻角以及围裙触水阻力系数成正比。

波浪二阶力：船在波浪中运动相对静水产生的阻力增量，一阶力为波浪阻力波动值。

气-固-液耦合动力学：由气垫-围裙-表面波三个动力学互相耦合迭代的非线性动力学。

波浪泵吸流量：由表面波垂向速度引起的气垫体积流量。

围裙泵吸流量：由围裙运动速度分别引起的大囊与气垫两部分的体积流量。

船体泵吸流量：由船体升沉、纵摇与横摇运动速度引起的气垫体积流量。

压缩性气容：气垫或大囊体积在内部压力变化时因绝热压缩过程引起的体积流量变化。

鹅卵石效应：气垫船高速运行于静水面时，由于气垫压缩性影响造成的不稳定升沉运动——垂向高频振动。

围裙缩进：静水或波浪中围裙在外部水动力与内部气垫力联合作用下发生变形运动最后导致的结构静态失稳。

围裙颤振：围裙系统变形与内部气垫力（包括囊压与垫压）耦合作用形成闭环反馈系统在某些设计状态与小扰动下，围裙-气垫系统由负反馈变为正反馈造成的气弹自激振荡。

参数横摇：在波浪中由于横稳性正负之间的非线性变化，引起的大幅横摇运动，甚至由此发生甩尾失稳。

神经网络运动仿真：一种无力学模型的系统仿真，应用递归神经网络技术，对一个非线性动力学系统，通过深度学习获得对控制与环境输入的实时运动响应仿真。

参 考 文 献

[1] 卢军，黄国梁. 全垫升气垫船 4 自由度操纵性 [J]. 上海交通大学学报，2007，41（2）：216-220.

[2] 刘春光. 气垫船运行在水气界面的操纵性能预报 [D]. 北京：中国舰船研究院，2005.

[3] 马涛，邬成杰. 气垫船总体性能与围裙气垫系统流体动力设计 [M]. 北京：国防工业出版社，2012.

[4] WATERS R T, MORAN D D, MESSALLE R F. High Speed Maneuvering of Amphibious Hovercraft [C]//高性能船译文集，1973.

[5] 盛振邦，刘应中. 船舶原理下册 [M]. 上海：上海交通大学出版社，2004.

[6] 绪方胜彦. 现代控制工程 [M]. 卢伯英，终明安，罗维铭，译. 北京：科学出版社，1981.

[7] 马涛. 带舵推器气垫船驾控系统设计 [Z]. 中国船舶及海洋工程设计研究院，2019.

[8] 马涛. 气垫船多操纵面航向与航迹控制策略 [Z]. 中国船舶及海洋工程设计研究院，2020.

[9] 马涛. 一种气垫船基于手轮与手柄的多操纵面全工况操控算法 [Z]. 中国船舶及海洋工程设计研究院，2021.

[10] FALTINSEN O M，海上高速船水动力学 [M]. 崔维成，刘应中，葛春花，等译. 北京：国防工业出版社，2007.

[11] CUMMINGS D, KERN E, SHURSKY S, et al. Mathmatical Model of an Air Cushion Vehicle：AD-A015699 [R]. Defense Techical Information Center，1975.

[12] 张丽娜. 全垫升气垫船安全航行控制方法研究 [D]. 哈尔滨：哈尔滨工程大学，2015.

[13] 韩京清. 自抗扰控制技术：估计补偿不确定因素的控制技术 [M]. 北京：国防工业出版社，2008.

[14] 马涛. 气垫船操控特性与自动驾控控制策略 [Z]. 中国船舶及海洋工程设计研究院，2018.

[15] 马涛. 气垫船六自由度动力学数字化仿真 [Z]. 中国船舶及海洋工程设计研究院，2020.

[16] MILEWSKI B, CONNELL B, WILSON J, et al. Dynamics of Air Cushion Vehicles Operating in a Seaway [C]//Proceedings of the 9th International Conference on Numerical

Ship Hydrodynamics, Michigan, 2007: 1-15.

[17] KRING D C. Time Domain Ship Motions by a Three-Dimentional Rankine Panel Method [D]. Cambridge MIT, 1994.

[18] LEE C H, FARINA L, NEWMAN J N. A Geometry-Independent High-Order Panel Method and Its Application on Wave-Body Interactions [C]//Proceedings of the Engineering Mathmatics and Applications Conference. Adelaide, 1998: 303-306.

[19] PIEGL L, TILLER W. The NURBS Book [M]. Berlin : Springer-Verlag, 1997.

[20] MITTAL R, IACCARINO G. Immerseel Boundary Methods [J]. Annual Review of Fluid Mechanics, 2005, 37: 239-261.

[21] 冀楠. 全垫升气垫船运动特性研究 [D]. 哈尔滨：哈尔滨工程大学, 2014.

[22] 曹林冲. 向量式有限元法在气垫船围裙性能研究中的应用 [D]. 上海：上海交通大学, 2017.

[23] MATTHEW R K., Numerical Investigation of the Steady-State Interaction Between Surface Effect Ship Seals, Air Cushion, Free-Surface Waves, and Vessel Motion [D]. Ann Arbar: University of, Michigan 2013.

[24] ZALEK S F, KARR D G, JABBARIZADEH S, et al. Modeling of Air Cushion Vehicles Flexible Seals under Steady State Conditons [J]. Ocean System Engineering. 2011, 1 (1): 17-29.

[25] 捷亚琴卡 B K. 气垫船运动阻力 [Z]. 圣彼得堡, 1999.

[26] FU T K, FALLER W E, HESS D E. Application of Soft Computing to Simulate LCAC Dynamics [Z]. 2016.

[27] 李道根. 自动控制原理 [M]. 哈尔滨：哈尔滨工业大学出版社, 2007.

[28] ZIMAN G. Forces Excerted on a Hovercraft by a Moving Pressure Distribution: Robustness of Mathmatical Models [J]. Journal of Ship Research, 2006, 50 (1): 38-48.

[29] 马涛, 周伟麟, P A. SULLIVAN. 围裙响应动力学及其对气垫船稳定性和适航性的影响 [J]. 船舶工程, 1988 (6): 40-45, 2, 26.

[30] 陈科杰. 气垫船垫升性能 CFD 计算方法研究 [D]. 大连：大连理工大学, 2013.

[31] 高晓园. 围裙动态响应仿真计算研究 [R]. 上海：上海交通大学, 2021.

[32] MA T, SULLIVAN P A. Dynamics of Responsive Skirt [M]//Amyot J R (eds). Hovercraft Technology, Economics and Applications Amsterdam: ELSVIER, 1989: 326-600.

[33] 黄国梁, 刘天成. 全垫升气垫船操纵运动研究 [J]. 船舶工程, 1996 (2): 20-23, 41, 2.

[34] 詹月林. 改进型 PID 参数神经网络自学习的船舶操纵控制器 [J]. 舰船科学技术, 2004, 26 (3): 21-25.

[35] 唐永哲. 飞机航向神经网络 PID 参数自整定控制器研究 [J]. 飞机设计, 2004, 6 (2): 47-50.

[36] HESS D E, FALLER W E, UINNICK L, et al. Maneuvering Simulation of Sea Fighter Using a Fast Nonlinear Time Domain Technique [C]//Proceedings of the 9th International Conference on Numerical Ship Highdrodynamics. Michigan, 2007.

[37] FALLER W E, HESS D E, FU T, et al. Fast Time-Domain Nonlinear Simulations of Ship Motions in Extreme Waves Using a New Formulation for the Wave Elevation [C]//Proceedings of the 27th Symposium on Naval Hydrodynamics, Vol. Ⅱ. Seoul Korea, 2008: 675-693.

[38] 顾孟潇. 全垫升气垫船气垫兴波及运动耦合动力分析与计算应用研究 [D]. 上海: 上海交通大学, 2023.

[39] MA T, Ride Control SystemWith Responsive Skirt Active Control [C]. CACTS Conference on Air Cushion Technology, 1994.

[40] KOCHIN N E, KIBEL I A, ROEZ N V, Theoretical Hydromechanics [J]. Physics Bulletin, 1966, 19 (3): 76.

[41] SEDOV L I, CHU C K, COHEN H, etc. Two-Dimensional Problems in Hydrodynamics and Aerodynamics [J]. Physics Today, 1965, 18 (12): 828-829.

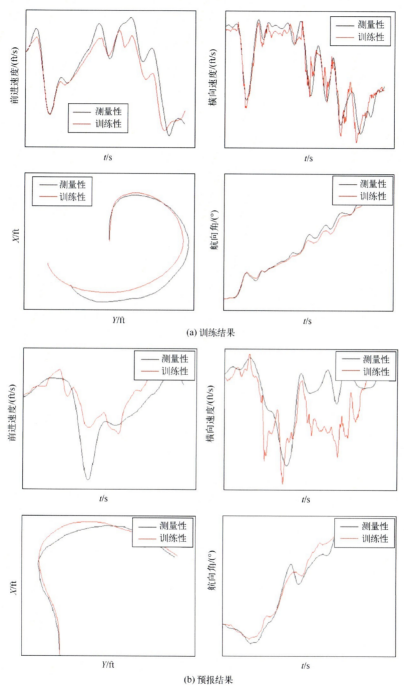

图 7.51 LCAC 船模右转试验的训练与预报结果